L'EMPIRE

ET

LES LÉGITIMISTES

PARIS

IMPRIMERIE DE L. TINTERLIN ET Ce

rue Neuve-des-Bons-Enfants, 3

L'EMPIRE

ET LES

LÉGITIMISTES

PAR

CHARLES MULLER

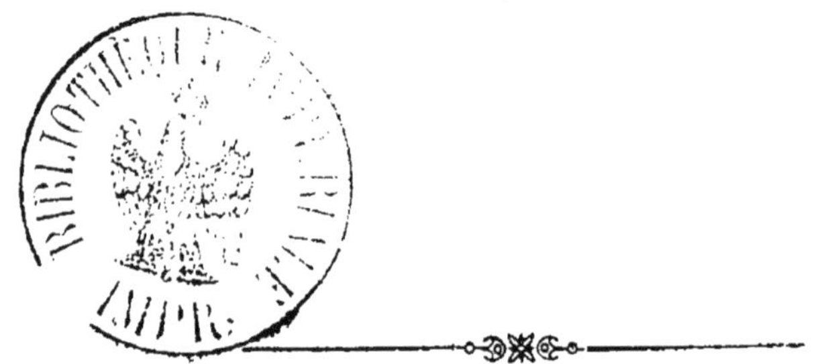

PARIS

E. DENTU, LIBRAIRE-ÉDITEUR

GALERIE D'ORLÉANS, 17 ET 19, PALAIS-ROYAL

1864

L'EMPIRE

ET

LES LÉGITIMISTES

I

Dans un écrit publié en 1857, je disais :

« Le gouvernement actuel a manifesté la noble ambition de rétablir quelque chose de durable et de respecté sur ce sol bouleversé par les révolutions. Quelle étrange méprise s'il s'imaginait ne pouvoir atteindre son but qu'en déclarant la guerre à une opinion dont l'honneur est de représenter dans notre pays le culte des grands souvenirs et l'attachement aux lois séculaires de la patrie ! Sans doute, l'attitude des légitimistes a pu lui donner quelquefois de l'humeur. Cette réserve un peu dédaigneuse, dans laquelle se tiennent des hommes dont beaucoup figureraient dignement dans les premières positions de l'État, ces refus de serment, ces abstentions électorales, tout cela ne laisse pas que d'offenser l'amour-propre d'une autorité qui se prend au sérieux. Mais au point de vue des intérêts généraux et permanents de la société, au point de vue des véritables intérêts du gouvernement lui-même, ces inconvénients ne sont-ils pas largement compensés par la force morale que le seul fait de l'existence du parti légitimiste prête à la cause de l'ordre ? Il faudrait plaindre le pays où une monarchie qui a réalisé tant de si grandes choses, n'aurait laissé ni souvenirs, ni adhérents. Oui, ce serait un affligeant spectacle, si l'héritier malheureux et proscrit de nos souverains n'avait pas conservé dans le royaume créé par ses pères quelques cœurs dévoués et fidèles. Disons-le, si la France en était arrivée là, elle serait bien près de sa dissolution. Quelles espérances un fondateur de dynastie nouvelle, animé même des intentions les plus généreuses, pourrait-il baser sur un pays où les plus éclatants services seraient si facilement oubliés ? »

Parlant dans le même écrit de la situation faite au parti légitimiste par le refus de la maison d'Orléans de renoncer à ses prétentions révolutionnaires, je concluais ainsi :

« Les incertitudes qui enveloppent l'avenir nous commandent de ne pas ébranler imprudemment l'abri que nous trouvons dans le présent. Quand je parle de mon respect pour le gouvernement établi, je suis sincère ; ce respect n'enlève rien à mes convictions ; il est un témoignage de gratitude envers la Providence qui n'a pas complétement abandonné la société dans les jours difficiles de nos révolutions ; il a son principe dans un profond amour de la patrie et dans le sentiment des dangers entretenus par de déplorables intrigues et de coupables ambitions. Pourquoi, de son côté, l'Empire verrait-il en nous des ennemis à combattre? S'il est appelé à vivre, à devenir une institution durable et féconde, ce ne peut être qu'en s'appuyant sur ce qu'il y a d'éternellement juste et vrai dans nos idées. »

Ma conviction n'a pas changé. L'expérience de ces dernières années n'a fait que la fortifier.

II

Plus que jamais, je suis convaincu que le parti légitimiste, jugé non d'après certaines apparences, mais étudié dans le fond de ses sentiments et considéré d'un point de vue supérieur aux circonstances et aux passions d'un jour, représente un grand élément de conservation sociale qui n'est pas en antagonisme avec les vrais intérêts de l'Empire.

Il procède de cette idée que la France a besoin d'une autorité héréditaire et que l'inviolabilité de la loi de succession est une condition essentielle de cette forme de gouvernement. A cela se réduit la fameuse doctrine du *droit divin* qui est encore l'épouvantail dont se servent les partis révolutionnaires.

Quel est pourtant le gouvernement voulant se perpétuer par l'hérédité, qui n'ait besoin de s'appuyer sur le principe défendu par les légitimistes et de le faire accepter par la raison publique?

Voici une dynastie nouvelle fondée par la volonté nationale. Est-ce tout pour cette dynastie que d'avoir été acclamée une fois, ou deux ou trois fois même, par des millions de voix? Appelé en nos jours de révolution à se prononcer sur la question de forme de gouvernement, le peuple français n'a jamais hésité à condamner la théorie républicaine et à répudier le droit souverain qu'on lui attribuait d'élire périodiquement son chef. Mais la garantie de sécurité qu'il a voulu se donner en rétablissant la dynastie napoléonienne, se trouverait-elle réalisée si l'on admettait que l'ordre de succession réglé par la constitution impériale, pût être remis en question par un scrutin nouveau?

Et, je le demande, dans une société qui a tant souffert de l'esprit d'impatience et de versatilité, est-ce un sentiment à proscrire ou à dédaigner que cet attachement conservé par le parti légitimiste à la tradition monarchique, en dépit de tant de révolutions et en dépit même de l'évanouissement de ses espérances?

Dieu a refusé la joie d'une postérité au petit-fils de Charles X, et l'attitude prise par la maison d'Orléans fait qu'aux yeux de l'immense majorité des légitimistes, M. le comte de Chambord se trouve être aujourd'hui la seule et dernière personnification du vieux droit des Capétiens. Il me semble d'autant plus facile au gouvernement de Napoléon III d'admettre et de respecter cette fidélité, gardée, comme un devoir d'honneur, à une dynastie de huit siècles, qu'il n'a pas à se reprocher, lui, d'avoir arraché la couronne de la tête du royal enfant, à qui une double abdication avait laissé en 1830 l'héritage de l'ancienne monarchie. Le trône usurpé par Louis-Philippe et renversé après dix-huit années par une révolution démagogique, était abandonné lorsque le peuple le releva pour y appeler le neveu de Napoléon Ier. Entre les légitimistes et l'Empire, il n'y a donc aucune de ces causes de radical dissentiment, aucune de ces raisons d'animosité persistante et passionnée, qui, malgré toutes les tentatives de fusion et malgré le généreux pardon vingt fois offert par la branche aînée des Bourbons à la branche cadette, subsistent entre les légitimistes et l'orléanisme ; et loin d'être un obstacle à l'accomplissement des destinées de la dynastie napoléonienne, le parti légitimiste peut devenir un jour le plus ferme appui de la monarchie nouvelle.

III

Qu'est-ce à dire pourtant? On s'efforce de nous montrer ces deux causes comme séparées par tout un abîme, comme procédant de principes tellement différents que l'avenir de la société dépendrait du triomphe ou de la défaite de l'une d'elles.

Écoutez certains politiques de ce temps, c'est le parti légitimiste qui est l'ennemi qu'il faut combattre; c'est dans l'existence de ce parti systématiquement hostile, suivant eux, aux principes de 1789, qu'ils voient le principal danger de la situation actuelle.

Et ils ne se contentent pas de signaler à la défiance et à l'animadversion publique les défenseurs de l'ancien droit monarchique qui, par scrupule de conscience ou pour d'autres raisons, sont restés en dehors des affaires avec une attitude d'opposition plus ou moins prononcée. A les entendre, l'élément légitimiste serait représenté dans des proportions menaçantes au Sénat, au Corps législatif, dans les conseils-généraux, les mairies et même les préfectures; l'Empire enfin serait entouré d'une foule d'amis et de serviteurs tout disposés à le trahir en haine des principes de 89 dont il est l'expression.

Je doute fort qu'à bien examiner la composition des corps délibérants et le personnel des fonctionnaires du régime actuel, on y trouvât autant d'anciens légitimistes qu'on veut bien le dire. Mais y fussent-ils encore plus nombreux, serait-ce un malheur pour la société et serait-ce une faute à reprocher au gouvernement d'avoir accepté leur concours? Y a-t-il aujourd'hui beaucoup d'hommes capables de servir utilement l'État, qui n'aient appartenu par leurs convictions ou leur rôle politique, à l'un des trois régimes que la France a vu se succéder dans la longue période écoulée entre la chute du premier Empire et l'établissement du second ? Et pourquoi les légitimistes qui se sont ralliés à la dynastie napoléonienne lui seraient-ils moins sincèrement dévoués que les anciens orléanistes et les anciens républicains dont elle a agréé les services ?

Je vais au fond de la question : quelle est la valeur de ces déclamations dirigées contre le parti légitimiste au nom des principes de 1789 ?

IV

Je crois connaître ce parti aussi bien que personne et mieux certainement que ne le connaissent des publicistes qui ne l'ont jamais entrevu qu'à travers le nuage des vieux préjugés légués aux générations actuelles par les luttes civiles d'une autre époque. Eh bien ! non, ce parti n'est pas hostile aux principes de 1789. La distinction qu'on cherche à établir entre une France nouvelle, revendiquant le bénéfice des justes réformes accomplies par la Révolution, et une France retardataire, regrettant les priviléges de l'ancien régime, n'a aucun fondement sérieux.

Il a pu se trouver, il pourra se trouver encore de fanatiques apologistes du passé, allant jusqu'à vouloir nous persuader que le moyen âge fut l'âge d'or de la société ; mais juger les légitimistes d'après ces idées paradoxales, soutenues par quelques esprits isolés et sans autorité, ce serait aussi injuste que de vouloir rendre l'opinion républicaine solidaire et responsable des excentricités publiées par Proudhon ou Pierre Leroux.

Non, il n'y a pas en France aujourd'hui de parti,

protestant contre les principes de droit commun, contre les idées d'égalité civile et politique, qui sont la base de notre nouvelle organisation; il n'y a pas de parti rêvant le rétablissement de classes privilégiées, la restauration des dîmes et des autres vieilleries féodales, la résurrection, en un mot, de ce qu'on est convenu d'appeler l'ancien régime; il n'y a pas de parti songeant à contester la liberté des cultes, l'admissibilité de tous les Français aux emplois publics, la nécessité d'une représentation nationale pour le vote de l'impôt, l'obligation pour le chef de l'État, quel que soit son nom ou son origine, de se conformer aux lois du pays. Cette conspiration contre tous les progrès réalisés depuis soixante-quinze ans, n'existe que dans l'imagination de quelques écrivains révolutionnaires.

Les craintes qu'ils expriment pouvaient se comprendre, pouvaient avoir une apparence de raison en 1815. La génération née antérieurement au mouvement de 1789, élevée dans les idées et avec les habitudes de l'ancien régime, comptait encore de nombreux représentants; les blessures faites par la Révolution n'avaient pas eu le temps de se guérir, les souvenirs et les regrets du vieil ordre de choses, le temps de s'effacer; il y avait contre la société nouvelle des préventions et des ressentiments qu'expliquaient, si elles ne les justifiaient pas, les longues souffrances de l'exil et tant de deuils cruels laissés dans le cœur des familles par les atroces proscriptions de la Terreur. Aujourd'hui tout cela est mort : toutes ces rancunes et toutes ces douleurs sont, avec les hommes de l'émigration, dans la poussière des tombeaux.

On voudrait reconstruire la société sur ses vieilles bases, qu'on ne trouverait plus les éléments d'une pareille reconstitution. Comment revenir sur les changements qu'a subis la propriété? Comment rétablir des classifications, recomposer des ordres privilégiés ? Sur vingt familles portant la particule, il il y en a dix au moins dont les titres seraient plus que contestables, si pour en vérifier la valeur on remontait à l'époque où la noblesse avait l'importance d'une institution politique. Que de vanités intéressées, même dans le parti légitimiste, à ne pas remuer les questions d'origine et de naissance que soulèverait le rétablissement des anciennes distinctions de caste ! Sans parler d'ailleurs de toute cette gentilhommerie de fraîche date, si nombreuse et si peu soucieuse de s'exposer à un contrôle sérieux, l'élément purement bourgeois tient dans le camp légitimiste une place beaucoup plus considérable qu'on ne pense ; et nulle part peut-être, il n'est au fond plus jaloux de ses droits et de son influence. Sans doute la vieille, la vraie noblesse a conservé et conservera longtemps encore, dans les relations sociales, dans les salons, dans les questions de mariage, le prestige qui, dans tous les temps et tous les pays, s'est attaché à l'illustration ou à l'ancienneté de famille ; mais là s'arrête aujourd'hui son importance et là désormais s'arrêtent aussi ses prétentions. Lui supposer les idées qu'elle pouvait avoir il y a cent ans, méconnaître le changement opéré dans son esprit par les révolutions qui ont tout changé autour d'elle, redouter de sa part la revendication de priviléges qui bien avant 1789 n'avaient déjà plus de raison d'être et s'écroulaient d'eux-mêmes sans qu'il fût rigoureusement besoin, pour les détruire, de détrôner et de décapiter une royauté, attribuer à des rancunes et à des velléités féodales, la fidélité gardée par un certain nombre de Français à une dynastie qui a bien contribué pour quelque chose à l'établissement de notre unité nationale et à l'œuvre de transformation sociale dont nos générations recueillent les bénéfices, parler enfin des principes de 1789 comme s'ils étaient encore en danger, comme s'il y avait encore un parti voulant nous ramener aux institutions et aux abus de l'ancien régime, cela n'est pas seulement faux et injuste de toute façon, cela est absurde.

V

Au fond du débat qui se poursuit à propos des principes de 1789, entre les partisans de l'ancienne monarchie et ses adversaires, il n'y a qu'un malentendu que de part et d'autre on se complaît à entretenir en attribuant trop souvent à ces principes une signification différente de celle qu'ils ont réellement dans l'histoire.

Tel, par exemple, croirait manquer à tous ses devoirs de royaliste s'il ne vous disait qu'il ne veut pas entendre parler de 1789 et qu'il condamne tout ce qui s'est fait à cette époque ; et si vous prenez la peine cependant de l'interroger un peu, vous reconnaîtrez qu'il n'est pas une des grandes idées d'égalité, de justice et de liberté, dont cette date nous rappelle la solennelle proclamation, qu'il n'accepte très-sincèrement.

Bien des politiques de l'autre camp nous prouvent malheureusement chaque jour qu'ils ne se rendent guère mieux compte de ce que la France a voulu en 1789; et ils semblent s'être proposé de justifier par leurs exagérations le sentiment de défiance et de répulsion qui s'empare encore de beaucoup d'esprits à l'évocation de ces grands et glorieux souvenirs, accompagnés, hélas! de tant de souvenirs douloureux.

Leur prétention est de ne faire dater le progrès de l'humanité que de 1789 et de présenter cette époque comme le point de départ d'un mouvement subversif de toutes les constitutions de société jusqu'à ce jour admises. Ainsi, à les entendre, c'en serait fait désormais du principe monarchique en France et en

Europe. Comme si c'étaient des événements nouveaux dans les annales du monde, que ces chutes de dynastie auxquelles nos générations ont assisté! Comme si, en dépit des révolutions que nous avons vu s'accomplir depuis soixante-dix ans, l'histoire de notre propre pays et celle de tous les pays n'attestait pas que le développement des nations dans le sens de l'unité, de la liberté, de la civilisation, est parfaitement compatible avec le maintien d'une autorité héréditaire! Comme si enfin il ne suffisait pas de jeter un coup d'œil sur la situation de l'Europe pour reconnaître qu'en aucun temps peut-être les peuples ne se sont montrés moins disposés à faire divorce avec la forme monarchique!

VI

Est-ce en France que le sentiment public se prononce contre le gouvernement héréditaire? À qui s'imagine-t-on parler en essayant de soutenir une pareille thèse? Au lendemain des révolutions les plus radicales, malgré la pression exercée sur les populations par le parti républicain, usant et abusant de tous les moyens d'action que notre système de centralisation lui fournissait, l'esprit monarchique de la France s'est révélé avec une force d'unanimité dont l'histoire de tous les siècles passés n'offre pas d'exemple. La France, disait-on, ne veut plus de la monarchie, même avec la liberté; et la France consultée n'a pas cessé de répondre qu'elle voulait la monarchie, même sans la liberté! Y a-t-il des signes que dans les autres États de l'Europe l'idée républicaine ait fait plus de progrès? Est-ce en Angleterre que l'opinion publique manifeste le désir de remplacer le principe de l'hérédité par l'institution d'un gouvernement électif? Est-ce en Belgique, en Hollande, en Suède, en Espagne, en Portugal? L'Allemagne et la Russie sont agitées depuis quelques années par des idées de réforme ; mais est-il un homme sérieux qui puisse croire à l'établissement soit d'une république moscovite, soit d'une république germanique? Nous sommes peut-être appelés à voir la constitution politique de ces nations subir des modifications considérables; mais dans ces éventualités de transformation, le principe monarchique est-il exposé à disparaître? La Grèce a renvoyé le roi Othon; mais elle n'a rien eu de plus pressé que de se donner une dynastie nouvelle. Et voici qu'en Amérique, à côté de cette grande république des États-Unis qui se noie dans le sang après avoir si longtemps fait notre admiration, le Mexique, fatigué de l'anarchie, attend, d'un Empereur venu d'Autriche, la liberté que ses institutions républicaines n'ont pu lui procurer.

VII

Ce sont les événements d'Italie qui ont fait entonner aux adversaires du pouvoir monarchique les chants de triomphe dont l'écho se prolonge encore chaque matin dans quelques journaux ; mais je ne vois pas en quoi ce qui se passe en Italie, justifie l'allégresse et les espérances témoignées par le parti républicain. L'esprit de nationalité s'est réveillé en Italie ; des tendances d'unité se sont produites ; elles ont eu déjà des succès très-considérables ; l'Autriche a été chassée de la Lombardie ; de petites constitutions d'État, réglées par des traités, ont été anéanties soit par la force, soit par le libre assentiment des peuples, au profit de l'ambition piémontaise ; mais rien de tout cela n'a la valeur d'un principe nouveau dans le monde, tout cela ne laisse pas que de ressembler énormément à ce qui s'est fait ailleurs, et bien souvent, et bien avant qu'il ne fût question de la régénération de 89. C'est après tout le principe monarchique qui prévaut encore et qui triomphe, même dans cette révolution italienne, que les faux héritiers de 89 revendiquent comme une victoire remportée par leurs idées. Que serait en effet la révolution italienne sans Victor-Emmanuel, sans le sceptre de la vieille maison de Savoie, sans le prestige et la protection de l'autorité monarchique ? A quoi ont abouti jusqu'à ce jour les tentatives du parti mazzinien ? Qu'est devenue la puissance de Garibaldi quand elle a voulu lutter contre la puissance royale ?

VIII

Je vais plus loin dans mon raisonnement, je suppose le Pape dépossédé de tous ses États, la question du pouvoir temporel de la Papauté résolue selon les désirs du parti révolutionnaire, le successeur de saint Pierre chassé de Rome, et Rome descendue de son rang de capitale de la chrétienté pour n'être plus que la capitale d'un royaume, cela changerait-il l'esprit monarchique de l'Europe, cela ferait-il gagner le moindre terrain à l'idée républicaine ?

C'est ici, je dois le dire, que mon jugement diffère radicalement, non-seulement des opinions exprimées par les adversaires de la Papauté, mais encore des appréciations de beaucoup de ses défenseurs. Les uns et les autres veulent faire croire à une solidarité qui n'existe pas. Le pouvoir temporel de la Papauté pourrait disparaître sans que le principe monarchique subît en Europe le moindre ébranlement. Quelle influence cet événement aurait-il sur les idées politiques de l'Angleterre, de la Prusse, de la Russie et de toutes les autres nations protestantes ou schismatiques? Leur divorce avec l'Église les a-t-elle empêchées jusqu'à ce jour d'obéir à des gouvernements héréditaires ?

IX

Je ne nie pas la gravité des conséquences que la chute du vieil édifice romain pourrait avoir pour les pays catholiques ; mais ce n'est pas l'institution de l'autorité, c'est l'institution de la liberté qui serait en péril par cet événement. Pour quiconque sait lire, il est bien évident que c'est moins au domaine temporel de la Papauté qu'à sa domination spirituelle qu'en veut l'école révolutionnaire. Une fois le Pape expulsé de Rome, dépouillé de son indépendance politique, réduit à demander asile à des souverains étrangers, on ne manquerait pas de faire ressortir les inconvénients et les dangers pouvant, à un moment donné, résulter de la soumission du clergé catholique de l'univers entier à un chef spirituel placé ainsi dans des conditions de sujétion temporelle, exposé à la tentation de se servir de sa puissance morale au profit des intérêts politiques de l'État où il aurait sa résidence. L'idée de constituer une Église nationale, qui a déjà été mise en avant, ne tarderait pas à être considérée comme méritant une attention très-sérieuse. Je ne sais quelles chances elle aurait de réussir; mais il n'y aurait certainement pas à se féliciter pour la cause de la liberté de la voir acceptée.

La Révolution nous parle sans cesse de la nécessité de séparer la religion de la politique ; elle nous dit que cette séparation est une condition essentielle de la liberté, et ses efforts tendent à établir tout le contraire de ce qu'elle réclame. A chaque pas, elle tombe ainsi dans les plus étranges contradictions. Elle a cent fois reproché à nos constitutions de faire une trop large part de puissance au chef de l'État ; et cependant voyez où elle est conduite par l'aveuglement de sa haine contre le catholicisme. Si ses conseils étaient écoutés, si les passions qu'elle excite triomphaient, le chef de l'État réunirait demain à tous ses pouvoirs et à toutes ses prérogatives le titre et l'autorité de chef d'une Église nationale. Il n'y aurait plus de Pape-Roi au Vatican, mais il y aurait un Roi-Pape aux Tuileries.

Il y a bien d'autres inconséquences dont la révolution nous donne ici le spectacle. Elle a la prétention de fonder la liberté sur la ruine des trônes, de substituer dans le gouvernement des peuples le principe électif au principe de l'hérédité ; et voici que pour frapper un grand coup, un coup décisif contre ce qu'elle appelle le vieux droit, elle ne trouve rien de mieux que de remplacer par une autorité héréditaire l'autorité élective qui, depuis tant de siècles, règne à Rome. En effet, quel est le principe qui prédomine dans ce gouvernement de Rome si violemment attaqué aujourd'hui ? Est-ce du hasard de la naissance que le chef de ce gouvernement tient sa puissance, et les critiques élevées contre l'institution des pouvoirs héréditaires ont-elles à Rome la moindre application ? Ce gouvernement n'est-il pas, au contraire, la plus haute et la plus belle expression de l'idée républicaine ? Jamais il n'y a eu dans le monde de constitution politique offrant plus de garanties que le souverain élu réunira toutes les conditions d'intelligence, de capacité, de vertu et de désintéressement qui sont à rechercher lorsqu'il s'agit de choisir un chef d'État. Il est possible que dans la pratique, cette organisation si admirablement conçue, ne soit pas tout à fait exempte d'imperfection. Je suis loin de prétendre qu'il n'y ait jamais eu d'erreurs et d'abus dans l'administration temporelle exercée par les Papes. Mais autre chose est de savoir si par ses actes cette administration a toujours répondu entièrement aux légitimes besoins des peuples qui lui sont soumis, autre chose de savoir si par son existence elle est dangereuse pour la liberté générale du monde.

Les passions soulevées contre elle depuis quelques années sont telles, que n'y eût-il aucun reproche à lui faire on la combattrait en haine du catholicisme. En admettant cependant que parmi les adversaires du catholicisme, il y ait quelques esprits de bonne foi, croyant sincèrement qu'il est l'ennemi de la liberté des nations, je suis convaincu que la réalisation de leurs souhaits ne tarderait pas à leur prouver qu'ils se sont fait grossièrement illusion.

Je l'avoue, je comprends jusqu'à un certain point les préventions qui existent contre l'établissement temporel de la Papauté à Rome. Si, faisant abstraction de toutes les nécessités humaines, m'isolant de tous les faits sociaux qui nous enveloppent et nous dominent, je me place au point de vue supérieur et divin de l'Évangile, je me sens peu disposé par mon cœur à admettre que le vicaire du doux et humble Christ, le successeur du pauvre pêcheur chargé d'annoncer à l'univers une religion toute de renoncement, de charité et de miséricorde, se présente aux nations, entouré de la pompe d'une cour, appuyé par une armée, soutenu par une gendarmerie et une police, manifestant sa puissance par des palais, des forteresses et des prisons. Aussi, je ne crains pas de le dire, c'est moins par des raisons religieuses que par des raisons humaines que je prends parti pour l'indépendance temporelle de la

Papauté. La suppression de cette indépendance, quoi qu'en pensent ses ennemis, nuirait moins à la religion qu'aux intérêts tout terrestres au nom desquels on parle de la détruire.

X

La polémique des journaux a voulu faire en France de cette question de l'indépendance temporelle de la Papauté, une affaire de parti. La vérité est qu'on peut appartenir aux opinions les plus opposées, être indifféremment légitimiste, orléaniste, bonapartiste ou républicain, et se trouver d'accord avec les esprits éminents qui, depuis des siècles, ont proclamé la nécessité de maintenir à la Papauté une existence indépendante sur le territoire romain. Ai-je besoin d'insister d'ailleurs? N'y a-t-il que les légitimistes qui défendent en ce moment la cause du Souverain-Pontife contre les ambitieuses prétentions du Piémont?

Dans le public qui ne prend pas la peine de réfléchir, cette question du pouvoir temporel de la Papauté est généralement fort mal comprise. Même dans beaucoup d'esprits éclairés, elle reste enveloppée d'une foule de préjugés et d'erreurs. Elle traverse en ce moment une des plus grandes crises dont il ait été parlé dans l'histoire. Il est certain que l'indépendance de la Papauté, réduite à ne pouvoir se maintenir que sous la protection des armes françaises, constitue une sorte de contre-sens qui ne saurait durer indéfiniment. Il est de toute nécessité qu'elle arrive à se manifester et se soutenir par sa propre puissance. Elle n'y parviendra peut-être qu'après de nouvelles et terribles épreuves. D'autres fois déjà la Papauté a été dépossédée de Rome ; elle sera peut-être encore une fois obligée d'abandonner le Vatican. Il y a des voiles de l'avenir que je n'ai pas la témérité de vouloir soulever ; d'ailleurs ce que je pourrais découvrir en les soulevant ne changerait rien à ma foi dans le triomphe définitif de l'Église catholique.

Ce que je tenais surtout à constater, c'est que dans cette question romaine comme dans la plupart des autres questions qui s'agitent aujourd'hui en Europe, on s'abuse beaucoup en y faisant intervenir sans cesse les principes de 1789

XI

Les principes de 1789 sont un terrain sur lequel tous les partis pourraient se donner la main et se trouver unis, si trop souvent ils ne se plaisaient à les confondre avec les doctrines de 1793. En ce qui concerne ces principes, l'Empire n'a fait au fond que reprendre et continuer l'œuvre de Louis XVI. Il y a eu un changement de dynastie ; mais le changement dans la direction des idées et dans la marche des événements est loin d'avoir été aussi radical qu'on semble le croire généralement. L'Empire, dans le gouvernement de la France et dans ses rapports avec le reste de l'Europe, a les mêmes intérêts que l'ancienne Royauté : il n'a pas plus de raisons que n'en aurait Henri V de favoriser la Révolution. Il est même possible qu'il y ait des hardiesses d'innovation où il lui serait moins facile de se lancer qu'à une monarchie depuis plus long-temps établie. Sous un pouvoir d'origine récente, les instincts d'ordre et de conservation sont toujours plus disposés à s'alarmer que sous une autorité qui a déjà subi l'épreuve des siècles. Mais la confusion d'idées, créée et entretenue par les passions des partis, est si grande aujourd'hui, que peu d'intelligences, même parmi les plus honnêtes et les plus éclairées, échappent à son influence.

Pourquoi ne pas dire à ce sujet toute la vérité? De même que souvent les écrivains révolutionnaires exaltent comme un triomphe des nouvelles doctrines certains actes du gouvernement, parfaitement conformes cependant aux plus anciennes traditions de la monarchie, de même quelques écrivains légitimistes ont le tort souvent de croire pour leurs principes à des périls qui n'existent pas. Mon intention ne saurait être de méconnaître ce qu'il y a de respectable dans l'œuvre toute de dévouement et de sacrifice que remplit la presse légitimiste. Mais elle représente un parti vaincu depuis plus de trente ans, et ses écrivains vivent dans une atmosphère qui n'est pas toujours celle où le philosophe irait établir sa demeure pour découvrir la vérité. Les excitations de la polémique quotidienne leur font soutenir quelquefois des opinions bien différentes de celles qu'ils défendraient si, au lieu d'appartenir par système à l'opposition, ils avaient un rôle dans le gouvernement de l'État. C'est ainsi que certains écrivains légitimistes, dans leur langage au sujet des affaires de Rome, se jettent dans des exagérations ultramontaines qui sont loin certainement de l'esprit de l'ancienne monarchie ; ils semblent avoir complétement oublié que notre Royauté était gallicane et faisait à l'occasion des remontrances dont la sévérité n'a encore été surpassée par aucun des ministres de Napoléon III. Nous avons vu ces mêmes écrivains prendre parti pour l'Autriche contre l'Italie ; ce n'était pas non plus ce que leur enseignait la politique traditionnelle de la France. Ils ont voulu faire croire enfin que le principe de la légitimité était mis en péril par la chute de quelques petits trônes établis autrefois en Italie par le bon plaisir de puissances étrangères ; en ceci encore leur zèle les a trompés.

Ce n'est pas pour la première fois que je proteste contre l'assimilation qu'on a essayé de faire entre les droits et les titres de ces gouvernements et ceux de cette ancienne Royauté de France, sortie des entrailles mêmes de la nation et identifiée avec elle pendant tant de siècles. Supposer de pareilles solidarités, ce n'est pas servir la cause de la légitimité, c'est la rabaisser et la compromettre ; c'est affaiblir dans l'esprit des peuples les principes de droit et de justice sur lesquels elle est fondée. Mais les écrivains dont je parle croiraient manquer à leur devoir si chaque matin ils ne répandaient quelques larmes sur les ruines du passé et sur les malheurs réservés aux générations futures ; on dirait qu'ils ne sont plus sur la terre que pour pleurer et désespérer ; et tous les jours ils ont besoin de prouver par un exemple nouveau que les sociétés sont en dissolution. Ils déclarent donc que le monde est perdu parce que le duc de Modène a cessé de régner dans son petit État; et si profond est le trouble d'idées où ils sont tombés, qu'ils s'imaginent défendre la légitimité en défendant le joug inique et odieux qui pèse sur la Vénétie.

XII

Ce sont là cependant des erreurs de jugement dont il ne faut pas trop s'inquiéter. Il fut un temps où la presse légitimiste affectait de ne jamais se servir du mot *Roi* en parlant du prince qui occupe le trône de Belgique, un temps où cette même presse, confondant sa cause avec celles de don Carlos et de don Miguel, aurait cru abdiquer ses principes en accordant le titre de reine à Isabelle d'Espagne ou à dona Maria de Portugal. Ses opinions sur les questions étrangères où elle engageait alors avec tant d'ardeur son drapeau se sont bien modifiées depuis. Il en sera de même de ses opinions sur les droits des princes qui, en ces dernières années, ont perdu leurs possessions en Italie. Monsieur le comte de Chambord remonterait demain sur le trône, qu'il ne lui viendrait certainement pas à l'idée de refaire un duché de Parme, quelle que soit son affection pour les orphelins dont la mort d'une sœur, si tendrement aimée et si digne de tous les respects de l'histoire, lui a laissé la tutelle.

XIII

La légitimité est quelque chose de plus élevé, de plus sérieux et de plus durable que ne semblent le croire plusieurs de ses défenseurs. C'est en France que s'est manifestée sa vraie puissance ; c'est de son avenir en France que nous avons à nous occuper. Que nous importe, après tout, cette dynastie napolitaine dépouillée de son royaume après avoir donné, en 1830, son adhésion empressée à une spoliation bien autrement inique ! Ces cadets de la maison de Bourbon n'avaient été, en définitive, établis sur leur trône que pour représenter en Italie l'influence de la Royauté française, et depuis que cette Royauté était tombée, ils n'avaient plus de lien avec nous. Que nous importent encore ces princes d'Autriche qui, en vertu de conventions diplomatiques, d'arrangements tout arbitraires conclus entre souverains, gouvernaient d'autres parties de l'Italie ! Si, pour être légitime, il suffit qu'un pouvoir quelconque ait duré un certain nombre d'années, j'avoue que je ne comprends plus ni le prestige ni le bienfait de la légitimité. Si l'on n'est bon légitimiste qu'à la condition de soutenir en toute circonstance les prétentions des princes contre la volonté des peuples, et de reconnaître des droits imprescriptibles à toutes les dominations imposées, il y a cent ou deux cents ans, par des traités, je suis obligé de confesser que je suis mauvais légitimiste !

Pendant huit siècles, la France a été gouvernée par une dynastie librement acceptée. Cette dynastie a été l'instrument providentiel de tous les développements de notre nationalité. Avant elle, la France n'existait qu'à l'état d'ébauche ; elle n'avait encore ni sa langue, ni ses frontières, ni rien de ce qui fait notre orgueil quand nous prononçons le nom de notre patrie. L'histoire de cette dynastie et l'histoire de cette patrie ne forment, pendant huit siècles, qu'une même histoire. Voilà les signes et les témoignages de la légitimité de notre ancienne Royauté. Honorons ce glorieux passé, conservons-lui le culte qu'il mérite ; mais gardons-nous de rabaisser l'autorité des principes que nous défendons, en établissant des assimilations, des comparaisons, des solidarités, qui ne sauraient supporter une discussion sérieuse, et qui ont presque le caractère d'une insulte pour ce que nous vénérons.

XIV

On s'efforce, dans de maladroits écrits, de reporter sur des dynasties étrangères une part des regrets et des sympathies qui ont suivi dans sa chute notre vieille royauté. On ne croit plus guère à une restauration en France, et on voudrait trouver quelque consolation dans des restaurations opérées ailleurs. Comme si le rétablissement de tous les trônes renversés en Italie pouvait avoir la moindre influence sur nos destinées !

C'est de nous, c'est de la France qu'il s'agit avant tout. Quelle est notre vraie situation et quelle est la vraie ligne que les circonstances tracent au parti légitimiste ? Voilà ce qui doit nous préoccuper.

XV

Des révolutions se sont accomplies. Dieu semble avoir abandonné cette race royale que pendant des siècles il avait comblée de tant de gloire et de prospérité ; toutes les apparences sont qu'elle est condamnée à s'éteindre dans les divisions et la stérilité. Est-ce à dire que nous n'ayons plus qu'à suivre ses funérailles et à nous ensevelir avec elle ? Est-ce à dire que, disparaissant demain, elle emporte dans la tombe le principe qui a fait sa puissance et la nôtre ?

La France est monarchique, non-seulement par son passé, mais encore par ses instincts, ses idées et ses intérêts d'aujourd'hui. C'est son attachement au principe d'une autorité héréditaire qui a été sa force et qui l'a fait triompher dans les grandes luttes qu'elle a eu à soutenir depuis le dixième siècle pour conquérir l'unité et la liberté; mais parce que les ombres de la mort s'étendent sur une dynastie, est-il dit que la nation atteinte par cet événement, ne pourra pas retrouver la vie sous une dynastie nouvelle? Nous, légitimistes, ne sommes-nous que les partisans d'un prétendant, ou sommes-nous les défenseurs d'un principe? Peut-il suffire qu'un homme meure pour que nous n'ayons plus ni convictions ni espérances? Que serions-nous si nous en étions réduits à cette extrémité?

Aux tempêtes qui ont emporté la maison royale de France, aux douleurs et aux déceptions que nous avons partagées avec elle, survit une patrie, une noble et grande patrie, envers laquelle nous avons des devoirs à remplir. Elle est l'héritage que nous avons reçu de nos pères, elle est l'héritage que nous devons transmettre à nos enfants. Il ne nous est pas permis de sacrifier à des colères et à des haines d'un jour un bien si précieux. Il ne nous est pas permis de n'avoir plus que des regrets et des larmes, et de dire anathème à cette terre qui nous porte, et de crier d'avance à ceux qui nous y suivront : elle n'aura plus de fruits pour vous !

XVI

A Dieu ne plaise que je songe à refroidir le culte gardé dans des cœurs fidèles pour l'auguste prince qui, jeté dans l'exil par nos révolutions, personnifie aujourd'hui sur la terre étrangère les anciennes gloires de notre patrie. C'est un culte inspiré par de nobles et pieux sentiments, qui même dans leur exagération auraient encore droit à tous nos respects : il n'a jamais été au monde de puissance déchue plus digne d'hommages. Le prince à qui s'adressent ces hommages représente une dynastie qui n'a pas été établie par Dieu en un jour ni pour un jour, et n'a pas été un simple accident dans l'histoire. Elle a régné sur nous pendant huit siècles, et dans cette période de huit siècles tous les rois et tous les peuples du monde se sont inclinés devant son sceptre. C'est de notre sang qu'elle tirait sa force comme c'est du sien que nous tirions la nôtre. Entre elle et nous il y a eu communauté d'origine et communauté de sentiments et d'intérêts, communauté de prospérités et de malheurs, comme on n'en a jamais vu entre aucun peuple et aucune dynastie. Elle est le plus grand et le plus beau type de monarchie nationale dont les annales du monde fassent mention.

Aux jours de puissance ont succédé pour elle des

jours d'adversité que Louis XIV et les génies qui faisaient cortége à ses triomphes étaient loin de prévoir ; mais la majesté de cette Royauté, dépouillée et proscrite par les révolutions, est restée debout.

J'ai entendu dire quelquefois : « Les vieux temps ne sont plus, les preux sont morts, ce n'est plus l'âme de Henri IV qui court avec son sang dans les veines de ses descendants. » Il est bien vrai que nous ne les voyons plus s'exposer à mourir en héros sur les champs de bataille ; mais ils meurent en saints, ou sur l'échafaud, ou sous le poignard, ou dans les amertumes de l'exil ; et quel spectacle ils nous donnent depuis soixante-dix ans ! C'est Louis XVI qui ouvre la marche funèbre ; on peut juger diversement quelques-uns de ses actes ; c'était, dit l'histoire, un prince faible et indécis dans les choses de l'État, n'obéissant trop souvent qu'à la bonté de son cœur et incapable de dominer les difficultés de la situation où les circonstances l'avaient placé ; mais voici le malheur qui l'accable, voici l'échafaud qui se dresse : quelle mort et quel testament ! A écouter encore l'histoire, le duc de Berry n'avait que les qualités d'un prince ordinaire ; aucune action bien éclatante n'avait signalé sa vie ; mais le voici couché sanglant sur son lit d'agonie, et il devient admirable ! sa première pensée est de demander grâce pour le meurtrier ! Et que dirai-je du testament de cette Marie-Thérèse qui est morte dans l'exil, après avoir été prisonnière au Temple, après avoir assisté à l'immolation de son père, de sa mère, de son frère et de sa tante Élisabeth, après avoir vu tomber tant de têtes chéries autour d'elle et avoir bu jusqu'à la lie le calice de toutes les douleurs ! Elle n'avait pas reçu de Dieu l'art de plaire à la foule ; il y avait dans sa voix et dans son attitude quelque chose de glacial ; mais lisez son testament ! quelle âme y respire ! quelle magnifique simplicité ! quelle sublime humilité ! Il y a dans tous ces testaments de nos derniers Bourbons, un genre d'éloquence dont cette race a seule le secret. Elle ne sait plus combattre, elle ne sait plus se défendre, je l'accorde ; mais elle sait pardonner et sait mourir !

XVII

Hier, une nouvelle tombe s'est ouverte, et pour quelle martyre encore ! Que de larmes et de souffrances dans l'existence de cette Louise de Bourbon que l'ange de la mort vient de délivrer des misères de ce monde. Dans le palais de nos souverains elle avait eu son berceau ; tous les bonheurs de la terre, toutes les splendeurs de la fortune et de la puissance semblaient lui sourire. Mais à peine a-t-elle promené autour d'elle le premier et joyeux regard de l'enfance, qu'un voile de deuil s'étend sur le faste royal qui l'entoure ; le poignard de Louvel l'a rendue orpheline ! Puis quelques années se passent, elle grandit au milieu d'une cour brillante, à l'ombre du plus glorieux trône de l'univers, et tout à coup ce trône s'écroule, et la voilà forcée de fuir avec sa famille cette France où la veille elle était tant fêtée ! Et à la douleur de l'exil, que de douleurs vont se joindre ! que d'angoisses et de peines cruelles de toute sorte sont réservées à cette fille des rois ! Elle n'a pu s'habituer encore à sa vie errante sur la terre étrangère, qu'elle apprend que sa mère est prisonnière en France et livrée par un gouvernement infâme aux plus ignobles insultes. Puis elle épouse un prince de son sang, elle peut croire un instant que les jours de repos et de consolation sont arrivés ; illusion bientôt évanouie ! Elle est condamnée à voir ce prince mourir sous les coups d'un assassin comme est mort le duc de Berry. L'histoire se sou-

4

viendra des vertus royales que déploya, dans les afflictions de cette nouvelle catastrophe, la grande âme que Dieu vient de rappeler à lui. Devenue régente du petit État de Parme, cette digne fille de saint Louis s'efforce d'oublier toutes ses douleurs pour se dévouer avec une abnégation absolue au bonheur des populations dont la Providence lui a confié le gouvernement ; elle vend ses chevaux, ses voitures, ses bijoux, elle renonce à tout le luxe des cours ; elle est admirée et bénie. Mais il fallait une dernière consécration à cette vie de souffrances ; l'ingratitude, succédant à d'enthousiastes témoignages de reconnaissance, la lui a donnée.

XVIII

L'auguste survivant du grand naufrage où a péri la fortune des Bourbons, ce premier des Français, suivant l'expression célèbre du plus illustre de nos orateurs politiques, ce premier des Français à qui, depuis trente-trois ans, il est interdit de fouler la terre de France, bien qu'elle soit la patrie que ses aïeux ont créée et nous ont léguée, Henri V, pour l'appeler enfin du nom que les révolutions n'ont pu lui enlever dans l'histoire, Henri V, dis-je, nous apparaît dans sa vie d'exil avec le même esprit de patriotique désintéressement et de résignation chrétienne, qui est la marque suprême de cette maison royale accablée par tant d'adversités.

Il réunit toutes les qualités qui auraient pu faire chérir en lui la Royauté; et jamais infortune plus imméritée ne fut plus noblement supportée.

Je ne crois pouvoir mieux le peindre et mieux expliquer la conduite qu'il a tenue jusqu'à ce jour, qu'en reproduisant les paroles suivantes que j'ai entendues de sa bouche en 1851 :

« Si le Ciel veut que je rentre dans ma patrie,

c'est comme roi de la nation, et non comme roi d'une classe ou d'un parti que je désire y rentrer... Je suis ce qu'il a plu à Dieu de faire de moi; je suis le représentant d'un principe que je crois nécessaire au bonheur de la France; je me tiens aux ordres de la France; je me dévouerai à ses intérêts le jour où elle m'appellera; mais je ne veux pas que l'histoire puisse me reprocher d'avoir fait verser une goutte de sang français dans une pensée d'ambition personnelle. »

Et, en effet, il n'a tenté ce prince de reconquérir le trône de ses ancêtres ni par des conspirations, ni par la guerre civile; mais quand l'intérêt de la France pouvait réclamer l'oubli de tous les griefs du passé, quand il s'est agi de rétablir l'union dans cette maison de Bourbon, divisée par un si profond abîme, il n'a pas eu un instant d'hésitation; il a pris l'initiative d'une réconciliation qui aurait dû être sollicitée à genoux par les princes d'Orléans; et pourtant ce qu'il avait à pardonner ce n'était pas seulement l'échafaud de Louis XVI et l'usurpation de 1830, c'était l'outrage fait à sa mère ; et il a tout pardonné ; et des hauteurs chrétiennes où vit cette grande âme, elle couvre de son pardon jusqu'aux dédains par lesquels les petits-fils de Philippe-Égalité ont répondu à ses généreuses pensées.

XIX

Ainsi se manifestent dans le malheur des vertus dignes de servir de couronnement à cette longue et glorieuse existence de la vieille monarchie française. Quels que soient les événements d'aujourd'hui et les événements futurs, ce sera l'éternel honneur de la France d'avoir eu à sa tête une dynastie pareille, et je ne comprends pas qu'il y ait un Français qui, en parlant de cette dynastie et de son dernier représentant, en parle autrement qu'avec respect.

XX

Mais cette dette payée au passé, mais la part faite aux sentiments de reconnaissance que nous, légitimistes, conservons d'une manière particulière au sang de nos vieux rois, il importe de ne pas oublier qu'il y a une France qui vit encore et qui, malgré les déceptions dont nous avons pu souffrir, sollicite notre amour et notre dévoûment. Et c'est ici que je me sépare, comme je m'en suis séparé en tout temps, c'est ici que je me sépare de ces esprits aveuglés par la passion, qui, s'exagérant ce qu'ils doivent au passé, n'ont pour le présent que mépris et malédictions, et s'en vont disant que cette société est perdue à jamais, qu'elle n'est plus digne de vivre, parce qu'elle n'a plus son roi légitime. De toute l'énergie de mon patriotisme, je proteste contre ces conclusions pessimistes.

Je crois avoir assez prouvé, depuis vingt ans, que je ne suis pas un détracteur de l'ancienne Royauté. Ma fidélité à mes convictions monarchiques, me condamne-t-elle cependant à être injuste pour la société française? Est-ce la faute de cette société si ceux qui avaient reçu de Dieu la magnifique mission de la gouverner, n'ont pas toujours compris les devoirs de leur situation; si les prodigalités et les folies de Louis XIV et de Louis XV creusèrent l'abîme où la France a failli périr; si, enfin, la Royauté, au moment de sa plus haute puissance et dans ses plus beaux jours de gloire, se laissa prendre de vertige et donna au monde les tristes exemples d'adultère et de débauche, qui sont la honte de deux grands règnes? Est-ce sa faute si les classes élevées s'engouèrent au siècle dernier de philosophes qui devaient les perdre, et si, après avoir applaudi à un libertinage d'idées dont elles avaient besoin pour justifier le libertinage des mœurs, elles se trouvèrent sans vraies convictions et sans autorité morale, à l'heure des périls de la monarchie? Est-ce sa faute si la noblesse émigra quand il fallait qu'elle formât un rempart autour de la Royauté menacée, et si Louis XVI, ainsi abandonné, laissé en tête-à-tête avec la Révolution, manqua trop souvent lui-même d'intelligence et d'énergie, confondant dans son esprit le vrai peuple avec la populace insurgée, et poussant sa condescendance pour cette populace jusqu'à forcer ses gardes fidèles à mourir à ses côtés sans avoir tiré l'épée? Est-ce sa faute si, lorsque les populations de l'Ouest se levèrent en armes contre la République de 93, elles attendirent en vain qu'un Bourbon vînt se mettre à leur tête, et si ce fut un descendant de la vieille aristocratie, un de Biron, qui le premier conduisit contre les héroïques paysans de la Vendée les phalanges de la Révolution? Est-ce sa faute, si, plus tard, Louis XVIII affligea la France royaliste par des actes déplorables, tels que la nomination de Fouché, le régicide, au ministère de la police, et si, quelques années après, Charles X partit de Rambouillet pour l'exil sans avoir voulu combattre? Est-ce sa faute si, dans les temps de crise qu'elle a traversés depuis 1789, elle a été témoin de tant de tristes défaillances, et si, lorsque les aînés de la maison de Bourbon ne savaient pas défendre leurs droits, les cadets pactisaient avec les ennemis de la légitimité Royale? Est-ce enfin la faute de ce peuple français qui travaille et qui prie, et qui n'a jamais voulu le désordre, est-ce la faute de ce peuple si, lorsqu'en 1848, après la chute de l'usurpation orléaniste, il s'agitait dans les angoisses d'une situation anarchique, et que, se rappelant la sinistre histoire de la première République, il demandait le rétablissement de la monarchie à n'importe quel prix, le parti légitimiste ne se montra prêt d'aucune manière et ne trouva rien de mieux que de l'exhorter à faire patiemment une nouvelle expérience du régime républicain? Je me rappelle les clameurs qui du sein du parti légitimiste s'élevaient alors contre ceux qui osaient réclamer une autre conduite; je me rappelle cette constitution de 1848, votée sans discussion par les représentants légitimistes; je me rappelle qu'une proposition fut présentée qui rouvrait les portes de la patrie à Henri V, et que ce furent les députés légitimistes qui la firent échouer. Non, non, ce n'est pas la faute du peuple français, si l'antique Royauté ne le gouverne plus. Vous qui reprochez à ce peuple de n'être pas avec vous, où étiez-vous et que faisiez-vous dans les jours où vous pouviez lui servir de guides? La Providence vous tendait la main et ce peuple était tout disposé à saisir la vôtre pour se sauver, et vous lui tourniez le dos et vous tourniez le dos à la Providence.

XXI

Il en devait être ainsi peut-être. Mais ne dites pas que cette nation est une nation corrompue, une nation perdue. Quelle unanimité à protester contre l'esprit révolutionnaire au 10 décembre, et cela malgré toutes les pressions exercées par la dictature républicaine et malgré toutes les complaisances des anciens partis monarchiques pour cette dictature ! Et une fois le nom de Napoléon acclamé, une fois cette planche de salut trouvée, cette nouvelle idée de monarchie adoptée, quelle unanimité encore et quelle persistance à la maintenir et à la défendre !

Nous tous, hommes des anciens partis, nous avons

plus ou moins souffert dans notre amour-propre des triomphes faciles obtenus par le gouvernement Napoléonien chaque fois que le peuple a été appelé au scrutin. Battus presque partout aux dernières élections générales, nous avons attribué nos échecs aux violences exercées sur le vote par les agents de l'administration et à l'absence d'une vraie liberté de presse. Nous pouvons avoir raison pour ce qui s'est passé dans quelques arrondissements. Mais la victoire remportée par le gouvernement dans l'immense majorité des colléges électoraux, est due à des causes plus hautes qu'il serait absurde de méconnaître. Le peuple français, dans ces élections comme dans les élections précédentes, n'a pas cessé de se montrer fidèle à la même pensée. Il veut conserver l'édifice qu'il a fondé. Il a prouvé dans toutes ces élections que ceux qui avaient désespéré de lui, qui avaient dit qu'il n'était plus gouvernable, l'avaient mal jugé. Il a obéi à des instincts d'ordre, à des idées de sagesse et de prudence, à des pensées de conservation sociale, qui ont pu aller à l'extrême en quelques circonstances, mais qui dans l'ensemble de leur manifestation, devraient mériter l'admiration et non les mépris des partisans du principe d'autorité.

La France une nation corrompue, une nation perdue! Ont-ils bien conscience de ce qu'ils disent ceux qui la jugent si sévèrement? Quand donc la France a-t-elle déployé plus de virilité que dans le temps actuel? Malgré une succession de révolutions, dont les misères auraient suffi pour détruire vingt empires, elle est debout encore, pleine de vie et de force, pleine de foi dans l'avenir et montrant des vertus qui n'ont rien à envier à aucune autre nation et justifient ses fières espérances dans ses destinées futures.

Où, dans le monde, trouverait-on encore, malgré toutes nos divisions de parti, un plus grand esprit d'unité nationale, et plus d'honnêteté, plus de probité, plus de sentiments généreux dans toutes les classes de la société? Est-il sur la terre un clergé plus digne d'estime que le clergé français; une armée qui, par la vaillance et le dévoûment, soit à la hauteur de l'armée française; une administration plus renommée pour l'intégrité de ses agents que l'administration française? Est-il enfin, dans l'Univers, une nation qui puisse soutenir la comparaison avec la nôtre?

XXII

Napoléon III est arrivé. Héritier de l'homme extraordinaire dont l'histoire est devenue l'épopée des temps nouveaux, il a déjà lui-même rempli une existence qui a tous les caractères d'une merveilleuse légende. On pouvait ne pas le prendre au sérieux il y a seize ans; il serait insensé aujourd'hui de ne pas reconnaître en lui une très-haute personnalité. C'est, je veux bien l'admettre, c'est moins à ses propres mérites qu'au prestige des souvenirs laissés par son oncle, qu'il a dû dans le principe son étonnante fortune; mais il est à une période de succès et de puissance où il n'a plus besoin de ce prestige. Il a désormais une valeur qui lui est propre et qui lui est acquise en dépit de tout ce qui pourra être dit ou écrit pour le rabaisser. On n'a pas mené une telle vie d'aventures suivie de telles prospérités, on n'a pas eu de si prodigieux retours de fortune après de si tristes revers, on n'a pas été acclamé trois fois comme un sauveur par une nation telle que la France, on n'a pas enfin pendant douze ans régné avec un pareil éclat sur un pareil empire, sans laisser une trace dans l'histoire et sans avoir une place dans l'estime du monde. Je suppose toutes les catastrophes imaginables, je suppose qu'il arrive à Napoléon III de tomber demain ou devant une insurrection intérieure ou devant une coalition étrangère, je le suppose abandonné de Dieu et des hommes, poursuivi par les malédictions du peuple, renié par ceux qu'il a comblés de faveurs, comme fut renié son oncle, je dis qu'il n'en serait pas moins dans l'histoire une très-grande figure de ce siècle. Il faut que ses ennemis en prennent leur parti; on peut avoir encore contre lui d'implacables rancunes, lui prodiguer tous les anathèmes, appeler sur lui tous les malheurs et tous les fléaux; mais le temps des moqueries et des dédains est passé. Le nouvel empereur, quelle que soit maintenant sa destinée, est au-dessus de telles atteintes.

Ces moqueries et ces dédains pouvaient se comprendre il y a vingt ans; mais les actes qui les provoquaient alors ne seront peut-être pas un des moindres titres de Louis Bonaparte dans l'histoire. Supprimez les échauffourées de Strasbourg et de

Boulogne, il n'y aurait peut-être pas de Napoléon sur le trône aujourd'hui. Ce sera dans l'esprit de la postérité une des gloires de l'Empereur actuel de s'être jeté dans ces aventureuses expéditions ; d'avoir montré cette foi courageuse dans son étoile à une époque où l'immense majorité de la France ignorait jusqu'à son existence; de s'être exposé avec tant de témérité à des échecs presque certains et d'en avoir accepté ensuite l'humiliation avec tant de fermeté, en un temps où l'idée de rétablir l'Empire semblait la plus irréalisable des chimères.

Sous le règne des idées bourgeoises qui avaient envahi la société française après 1830, il était tout naturel qu'on traitât d'actes de folie les tentatives de Strasbourg et de Boulogne. C'est d'ailleurs une vérité devenue banale depuis longtemps, que rien n'est plus près du ridicule que le sublime. Le vaincu de 1836 et de 1840 fut donc méprisé, conspué ; et j'accorde volontiers que pour sa réhabilitation, il ait fallu les triomphes imprévus qui ont depuis couronné ses entreprises. Mais c'est une des marques de la grandeur de cette existence, d'avoir ainsi passé par les épreuves qu'ont eu à traverser la plupart des grands caractères et des grandes conceptions qui ont fini par s'imposer à la mémoire des peuples.

XXIII

Si général cependant était le rabaissement des idées et des sentiments sous le gouvernement de Louis-Philippe, que le parti légitimiste lui-même, malgré ses traditions chevaleresques, n'avait pu se soustraire à leur influence; et, sans y réfléchir, c'est à l'esprit étroit et aux instincts vulgaires du régime orléaniste que continuent à obéir ceux qui, parmi les légitimistes, s'obstinent à se faire contre l'Empereur une arme de souvenirs qui maintenant sont tout à sa gloire.

Il faut bien en convenir, c'est le malheur des légitimistes de s'être beaucoup trop laissé gagner par cet esprit bourgeois. Ils ont sur la terre d'exil un chef qui, lui aussi, a eu vingt ans, et qui n'est certainement inférieur ni par le cœur ni par l'intelligence à aucun des souverains qui gouvernent aujourd'hui l'Europe. Si pourtant M. le comte de Chambord n'a rien tenté pour reconquérir le trône de ses ancêtres, n'est-ce que parce qu'il a manqué d'initiative et de volonté, comme on se plaît quelquefois à lui en faire reproche? J'ai dit à ce sujet ce que je crois être la vérité. Se voyant sans postérité, plein d'amour et de déférence pour la France, M. le comte de Chambord a reculé devant des combats où il aurait pu avoir l'apparence de ne soutenir que les intérêts d'une ambition personnelle. Mais n'est-il pas juste d'ajouter qu'il aurait eu à lutter contre les oppositions de son propre parti, s'il avait voulu agir à l'époque où les circonstances semblaient l'y convier ? Il lui était difficile de ne pas se rappeler le désaveu infligé par la plupart des notabilités légitimistes à l'héroïque tentative de madame la duchesse de Berry. Et l'attitude de la majorité du parti légitimiste au lendemain de la révolution de Février, pouvait-elle bien l'encourager à prendre une autre voie que celle qu'il a suivie? Combien étions-nous alors qui osions déployer le drapeau de l'ancienne Royauté ? et de quelle témérité n'étions-nous pas accusés par le plus grand nombre de nos amis ?

XXIV

C'est quand la France, surprise par la révolution de Février, s'abandonnait à toutes les épouvantes, au seul mot de République, et que les représentants légitimistes acclamaient la République, c'est quand la France appelait de ses vœux le rétablissement de la monarchie et que les chefs des vieux partis monarchiques employaient tous leurs efforts à lui imposer une constitution républicaine, c'est quand la société se voyait conduite aux abîmes par ceux qui auraient pu être ses sauveurs, c'est enfin quand elle n'avait plus à compter que sur elle-même, que reparut le vaincu de Strasbourg et de Boulogne.

Il se produisit alors un mouvement qui causa dans beaucoup d'esprits un étonnement dont ils ne sont pas encore revenus. On croyait connaître les sentiments du peuple ; on ne les connaissait pas. On avait contre l'échappé de Ham des préventions et des mépris que ce peuple ne partageait pas. Les souvenirs de Strasbourg et de Boulogne qui, dans certaines régions sociales, servaient de thème aux railleries, étaient un des motifs de la sympathie populaire qui se déclarait pour le futur souverain. On jugeait celui-ci avec les idées bourgeoises du règne de Louis-Philippe; mais le peuple, qu'on avait jusqu'en 1848 tenu à l'écart de la vie politique, n'avait pas subi la contagion de ces idées. On croyait que le culte des actions chevaleresques avait disparu : il était vivant encore dans le cœur du peuple. Les peuples aiment ceux qui ont foi dans leur étoile et qui ont foi en lui. Louis Bonaparte avait pour suivre sa destinée cette double force.

XXV

Bien des fois j'ai entendu dire que c'était le parti légitimiste qui avait fait l'élection du 10 décembre.

Ceux qui partagent cette opinion sont dans une très-grande erreur. Il y eut en 1848 pour le nom de Napoléon un entraînement populaire qui fut indépendant de toute direction de parti. Pas un légitimiste n'eût voté pour Louis Bonaparte, que Louis Bonaparte n'en eût pas moins été élu. Je me souviens d'ailleurs que les chefs du parti légitimiste étaient loin de se montrer favorables à cette nomination. Même après le terrible enseignement donné par les journées de Juin, que dis-je, même après l'éclatante manifestation de l'esprit monarchique de la France dans le scrutin du 10 Décembre, ils persistèrent à vouloir le maintien de la forme républicaine, jugeant que la France avait besoin de faire cette expérience et qu'elle n'était pas mûre pour une restauration monarchique.

Ce que l'histoire impartiale dira, c'est que si dans leur conduite ils apportèrent un aveuglement qui peut leur être reproché avec raison par nous légitimistes, ils firent preuve dans leurs engagements envers la République d'une loyauté à laquelle les républicains n'ont pas assez rendu justice.

XXVI

Je suis de ceux qui votèrent en 1848 pour Louis Bonaparte; mais je suis de ceux aussi qui avaient commencé par protester contre l'effacement du parti légitimiste. Il fut un instant où un autre nom que celui de Bonaparte pouvait être prononcé. Hélas! on avait laissé passer cette heure et la société n'avait plus le temps d'attendre. La candidature de Louis Bonaparte accueillie avec enthousiasme par les masses, était une révélation de ce sentiment monarchique de la France que les organes des vieux partis monarchiques s'obstinaient depuis Février à méconnaître ; elle allait par son triomphe relever peut-être le courage et dessiller les yeux des représentants royalistes qui venaient de voter sans discussion la constitution républicaine. Ce fut dans cette pensée que je m'y ralliai et qu'un grand nombre de légitimistes finirent par s'y rallier ; et ce fut ainsi du reste que j'expliquai notre attitude dans une conversation que j'eus l'honneur d'avoir à cette époque avec le futur Empereur. J'avais été chargé de lui demander s'il userait de son pouvoir pour provoquer un appel au peuple sur la question de forme du gouvernement...

Et si maintenant je considère tout ce qui s'est passé depuis lors, la conduite des représentants légitimistes à l'Assemblée législative, le danger social résultant de leur indécision et les vaines tentatives faites pour amener un rapprochement entre les deux branches de la maison de Bourbon, je déclare que je n'ai aucun regret de mon vote de 1848.

Je n'ai pas voté pour Bonaparte en 1851 lorsqu'il s'est agi de ratifier le coup d'État du 2 Décembre ; je n'ai pas voté pour lui lorsqu'il s'est agi du rétablissement de l'Empire. La liberté venait de subir de cruelles défaites ; il ne pouvait me convenir d'y applaudir. D'ailleurs autre chose était l'élection présidentielle à laquelle nous avions coopéré, autre chose la consécration qu'on nous demandait de donner à l'intronisation à perpétuité d'une nouvelle dynastie.

XXVII

Mais parce que nous n'avons pas voté pour l'Empire, sommes-nous tenus de calomnier l'œuvre accomplie par l'Empire depuis douze ans? et parce que nous avons eu la douleur d'assister au naufrage de nos espérances, sommes-nous tenus de faire des vœux pour la destruction de l'abri providentiel que la France a trouvé dans nos temps de révolution ?

XXVIII

Je ne serai jamais le flatteur d'aucun gouvernement ; mais je suis loin de prendre pour règle de tous mes jugements les opinions qui ont cours dans les partis hostiles au régime actuel. Si ce gouvernement est entouré d'adulateurs, résolus d'avance à tout admirer, il a des adversaires enclins à tout dénigrer systématiquement.

Combien d'attaques passionnées n'a-t-on pas dirigées contre lui à propos des guerres qu'il a faites ! Et pourtant, est-ce aussi inutilement qu'on se plaît à le dire, qu'il y a dépensé tant d'hommes et tant d'argent ? Pouvait-il rester insensible à l'outrage qui lui était fait par l'Empereur Nicolas, lorsque celui-ci, s'abusant sur la vraie situation de la France, croyant la France réduite à l'impuissance par ses embarras intérieurs, prétendait trancher sans elle la question d'Orient ? Les exploits de notre armée en Crimée n'ont pas assuré l'avenir de la Turquie, et ce n'est pas un malheur ; mais ils nous ont fait reprendre dans le monde le rang que depuis 1830 on s'était habitué à nous contester. La Russie était devenue, dans l'imagination des peuples de l'Occident, quelque chose de gigantesque et de menaçant ; nous avons touché le fantôme de la pointe de notre épée et il s'est évanoui. L'Empereur a fait ensuite la guerre d'Italie ; est-il bien vrai qu'elle n'ait produit que des calamités ? N'est-ce rien que d'avoir expulsé l'Autriche de la Lombardie ? Qui de nous, en lisant autrefois les récits douloureux de Silvio Pellico ou d'Andryane, ne s'est pris de compassion pour ces nobles victimes de la tyrannie autrichienne et ne s'est dit : « Quand donc ce joug odieux cessera-t-il de peser sur la généreuse Italie ? » Eh bien ! le vœu que nous formions l'Empereur a entrepris de le réaliser. Nous y avons gagné Nice et la Savoie : ce n'est pas un agrandissement à dédaigner. Nous sommes enfin les maîtres en Italie, c'est notre drapeau qui flotte sur la ville des Césars ; c'est grâce à notre protection que le chef de la catholicité est encore au Vatican ; nous avons dans la péninsule italienne une influence qu'aucune puissance ne saurait oser désormais nous disputer. Et ce n'est pas seulement en Europe que la France a repris le rang qui lui appartenait ; en Asie et en Amérique ses armées ont appris aux nations le respect qui est dû à son nom. Quelle éclatante revanche du triste abaissement où nous avait conduit Louis-Philippe ! Si, en considérant cette situation, en considérant l'autorité souveraine exercée aujourd'hui par la France dans la plupart des grandes affaires du monde, la gloire qu'elle a conquise depuis dix ans sur les champs de bataille et le prestige qu'elle a recouvré, si en considérant tout cela votre cœur ne vous dit rien, je vous plains. Quant à moi j'avoue ma faiblesse, je me réjouis de toutes les joies de ma patrie ; je suis heureux de voir la France victorieuse en Crimée, victorieuse en Italie, victorieuse au Mexique ; j'apprends que nos armes ont affranchi un peuple et que notre territoire s'est agrandi de trois départements, je ne suis pas insensible à cette nouvelle ; j'apprendrais demain que le gouvernement entreprend de délivrer la Vénétie, ou qu'il envoie une armée au secours de la Pologne, ou qu'enfin il songe à nous faire rendre nos frontières du Rhin, je serais encore avec lui de toutes les forces de mon cœur. Le culte que je conserve au passé ne me défend pas de rendre hommage aux grandeurs du présent ! Il ne me commande pas d'être sans entrailles pour la France actuelle ou pour les nobles causes qui comptent sur elle.

A l'intérieur l'Empire nous a donné l'ordre. Il a prouvé que la France n'est pas aussi ingouvernable qu'on le prétendait. Nous jouissons depuis douze ans d'un état de tranquillité que ni la monarchie de 1830 ni la Restauration n'avaient pu nous procurer. Sont-ce là encore des résultats insignifiants ?

XXIX

Sans doute la sécurité n'est pas entière ; des jours d'orage peuvent venir ; mais j'interroge les vrais sentiments et les vrais intérêts du parti légitimiste. Les écrivains qui, pour le flatter, se font les contempteurs systématiques des faits nouveaux, sont-ils les interprètes fidèles de ses idées et de ses tendances ?

Peut-il sérieusement désirer le renversement du gouvernement actuel ? Il ne veut pas de la République ; il ne veut pas de la royauté orléaniste ; est-il sûr qu'une révolution nouvelle ramènerait Henri V ?

Je doute qu'il se présente jamais pour une restauration légitimiste des circonstances plus favorables que celles dont on n'a pas su profiter.

Mais je vois un parti révolutionnaire que ses défaites n'ont pas mis hors de combat ; il vote, il parle, il agit ; il est servi dans la presse et au Corps législatif par des hommes énergiques et dévoués qui ont foi dans l'avenir de leur œuvre. Je vois le parti orléaniste, qui n'a pas abdiqué non plus et n'attend que l'occasion d'escamoter une seconde fois le pouvoir. Je vois le parti légitimiste désarmé en face des événements par son système d'abstention et plongé dans les tristesses d'un profond découragement. Je me retrouve dans une situation d'esprit analogue à celle qui, en 1848, me faisait voter pour Louis Bonaparte. Je ne crois pas plus à la possibilité d'une république durable que je n'y croyais alors, et les révoltes de ma raison et de mon cœur contre l'usurpation de 1830 sont aussi vivantes que jamais. En 1848, nous n'avons pris, dit-on, le nom de Bonaparte que comme pis aller ; cela est possible ; mais ce pis aller a eu depuis d'assez glorieuses sanctions pour que sans rougir nous puissions le prendre encore. Voilà mon sentiment, et je ne crois pas me tromper en affirmant que c'est le sentiment de la masse du parti légitimiste.

XXX

Si pourtant les légitimistes n'ont aucun intérêt à ébranler les bases du gouvernement actuel, ce gouvernement a-t-il un intérêt quelconque à les traiter en ennemis?

Sont-ce de bons et sages conseils ceux qui tendent à persuader au gouvernement impérial que le principal obstacle au parfait accomplissement de ses destinées est dans l'existence du parti légitimiste?

Et ce gouvernement ne tomberait-il pas encore dans l'erreur s'il écoutait certains flatteurs, qui parlent de l'opinion légitimiste comme si son rôle était fini pour toujours, et comme s'il n'y avait plus à s'occuper d'elle?

XXXI

Le parti légitimiste a renoncé aux combats politiques. A part quelques polémiques de presse et à part la présence de M. Berryer au Corps Législatif, il n'a plus de rôle actif dans les événements. Il s'est retiré presque tout entier dans la majesté de ses regrets et la tristesse de ses déceptions. Il continue néanmoins à occuper une place considérable dans la société actuelle.

Il représente dans cette société le respect du principe d'hérédité qui est le fondement de nos constitutions monarchiques, qu'elles s'appellent Empire ou Royauté. Si la forme républicaine avait prévalu, si la nation s'y était accoutumée et l'avait adoptée d'une manière définitive, je concevrais, jusqu'à un certain point, que l'on parlât des légitimistes comme d'un parti fini. Mais nous vivons sous un gouvernement qui a l'ambition de transmettre ses droits et ses pouvoirs par voie d'hérédité. Le principe défendu par les légitimistes n'est donc pas mort et il ne saurait être indifférent pour l'Empire de voir se perpétuer le culte de l'idée sur laquelle il fonde ses espérances.

Sans doute la masse de la nation française est

monarchique et ses sympathies sont acquises aujourd'hui à la dynastie napoléonienne. Mais si ce n'est pas cette masse qui fait les révolutions, elle n'est que trop souvent réduite à l'impuissance de leur résister. On ne lui laisse pas toujours la faculté de manifester ses sentiments dans un scrutin. Elle est d'ailleurs monarchique plutôt par instinct que par raisonnement. Au-dessus d'elle, il y a les classes qui réfléchissent et discutent. L'Empereur a pu se passer de leur concours pour arriver au trône ; mais il n'est pas dit pour cela qu'il n'ait pas besoin un peu de leur appui pour durer. Malgré les défaites qu'elles ont éprouvées, elles ont conservé une influence dont il serait absurde de ne pas tenir compte. Or, si j'étudie l'esprit politique, les tendances politiques de ces classes, je trouve qu'il n'y a pas d'opinion sérieusement monarchique en dehors de l'opinion légitimiste.

Pour les anciens conservateurs qui se sont ralliés

à lui, le gouvernement actuel est un fait qu'ils acclament et exaltent, comme ils ont acclamé d'autres faits, comme ils ont exalté d'autres faits. Pour les hommes de la Révolution qui l'ont accepté, il représente la souveraineté du peuple ; mais tôt ou tard ils pourront invoquer contre lui ce même principe ; jamais ils ne comprendront que par le vote qui a établi l'Empire, le peuple ait fait abdication pour toujours de son pouvoir constituant.

C'est donc le parti légitimiste qui est le gardien du principe sur lequel le gouvernement actuel fonde ses pensées d'avenir. Et l'on voudrait, dans l'intérêt de la dynastie nouvelle, que ce parti eût déjà disparu ? Mais il n'existerait pas, que, dans l'intérêt de cette dynastie, il faudrait l'inventer !

XXXII

Depuis longtemps le parti légitimiste ne manifeste guère son opposition que par son abstention.

Cette abstention est fâcheuse pour lui, fâcheuse pour le gouvernement et fâcheuse pour la société.

Non pas qu'en m'exprimant ainsi, je veuille nier absolument la valeur des considérations qui ont fait adopter l'abstention comme règle de conduite par la majorité des légitimistes. Les officiers royalistes, les fonctionnaires royalistes qui, en présence de la plus odieuse des usurpations, refusèrent en 1830 le serment nouveau qu'on exigeait d'eux, obéirent à un sentiment qui méritera toujours d'être honoré. En cessant de servir leur pays dans l'armée et dans l'administration, ils lui rendaient un service d'un autre genre, un service moral, par le noble exemple de dévoûment et de fidélité qu'ils lui offraient au moment où il avait sous les yeux tant de trahisons, de lâchetés et de turpitudes. Retirés dans leurs terres, beaucoup de ces démissionnaires de 1830 ont utilement occupé depuis leurs loisirs, en contribuant aux progrès de l'agriculture et en consacrant leur attention au bien-être des populations. Loin de moi la pensée de blâmer les abstentions qui aujourd'hui même et chez une génération nouvelle, sont déterminées par les scrupules de conscience que peut soulever la question du serment. Loin de moi enfin toute intention de méconnaître ce qu'il y a de respectable dans le sentiment de ceux qui ne s'abstiennent que par obéissance aux avis de M. le comte de Chambord. On est allé demander au prince qui personnifie dans l'exil une royauté de huit siècles, s'il fallait prêter serment au prince qui règne depuis dix ans aux Tuileries. Pouvait-il répondre autrement qu'il n'a répondu? Ah! personne plus que moi ne rend hommage au caractère de dignité dont toutes les paroles et tous les actes de ce prince portent l'empreinte !

Mais après avoir fait toutes ces réserves, je ne puis m'empêcher de gémir d'une politique d'abstention qui n'a pas toujours sa justification dans les considérations que je viens d'indiquer.

Si j'examine de près le parti légitimiste et si j'entre dans l'analyse des divers éléments dont il se compose, je vois qu'il compte dans son sein un très-grand nombre d'hommes désireux de participer aux affaires publiques et ne demeurant à l'écart que parce que le système des candidatures officielles leur enlève presque toute chance d'entrer dans les conseils électifs avec le caractère d'indépendance qu'ils veulent conserver.

J'en vois d'autres, hélas ! qui ne sont pour la politique d'abstention, que parce qu'elle est d'une pratique facile et les dispense de tout grand effort.

On a vingt ou trente ou soixante mille livres de rentes, on trouve commode de ne point se donner de souci ; on est bon fils, bon époux et bon père, on boit le jour de la Saint-Henri à la santé du roi proscrit, et l'on croit s'être acquitté de tous ses devoirs envers la France ! Faut-il parler enfin de ces jeunes gens, qui, portant des noms honorés, disposant de beaux patrimoines, se laissent entraîner par le désœuvrement aux plus tristes folies ? J'en ai connu qui, au sortir du collége, étaient doués des plus nobles sentiments et avaient les plus généreuses aspirations ; en quelques années ils sont tombés dans le plus affligeant scepticisme. Ils se disent légitimistes encore, ils ne croient plus même en Dieu.

Je le déclare avec une conviction profonde, il serait malheureux pour tout le monde que cette situation se prolongeât.

XXXIII

Je ne rêve pas la restauration d'un gouvernement aristocratique; je suis partisan de l'égalité autant que qui que ce soit; mais je crois que, même dans le gouvernement le plus démocratique, les classes élevées ont un rôle utile à remplir dans l'État. Elles sont une force sociale qui ne doit pas rester sans emploi. Ce n'est pas sans danger pour elles ni sans préjudice pour l'intérêt général qu'elles se retirent des affaires publiques et renoncent à leur légitime influence. Nos devoirs envers la société sont d'autant plus grands que nous avons une plus grande part dans les biens dont elle assure la jouissance; la richesse comme la noblesse impose des obligations. Les privilégiés de la fortune ou de la naissance qui oublient ces vérités donnent raison aux révolutionnaires et aux socialistes.

Rien de plus noble, je le répète, que la conduite de tant de royalistes qui, en 1830, n'hésitèrent pas à faire à leurs convictions le sacrifice de positions honorablement acquises; rien de plus respectable que les scrupules qui depuis ont retenu bien des légitimistes dans une attitude d'abstention ; mais il est arrivé que dans une partie de la génération nouvelle cette abstention a perdu le caractère de dévouement et de fidélité qui faisait son mérite; elle n'est plus que de l'indifférence et de l'apathie; elle ne commande plus le respect, elle fait tomber dans la déconsidération publique ceux qui la pratiquent.

XXXIV

Il me semble difficile que, dans ses plans d'avenir, le gouvernement impérial ne se préoccupe pas de cette situation.

Les adversaires du parti légitimiste déclarent qu'il n'y a de conciliation possible avec lui, qu'au détriment de la liberté. C'est le contraire qui est la vérité.

Le gouvernement enlèverait à l'abstention légitimiste sa principale excuse s'il accordait aux opinions libérales de la France quelques-unes des satisfactions qu'elles réclament.

Il a introduit dans les élections un système de candidatures officielles que des circonstances exceptionnelles ont pu justifier un moment, mais qu'il sera forcé tôt ou tard d'abandonner. Le jour où il y renoncera, un grand pas sera fait vers la conciliation des esprits ; et je suis persuadé que loin d'ébranler l'édifice nouveau, cette sage réforme ne saurait que le consolider.

Il y a en France beaucoup d'hommes qui pourraient rendre de grands services dans les conseils publics et ne demanderaient pas mieux que d'en saisir l'occasion, mais qui ne veulent pas se présenter en solliciteurs devant des portes fermées ; ouvrez-leur ces portes, permettez-leur d'arriver auprès de vous avec la dignité de leur caractère, et vous trouverez souvent en eux vos amis les plus sûrs.

Je ne prétends pas que dans les corps délibérants, tels qu'ils sont composés aujourd'hui, le gouvernement ne puisse pas compter sur de très-sincères dévouements ; mais je n'ai pas besoin de remonter bien loin dans l'histoire pour trouver la preuve de la facilité avec laquelle la soumission empressée se change souvent en lâche abandon au moment du danger. Il y a un parti qui n'a pas l'habitude de rechercher la faveur des pouvoirs nouveaux, c'est le parti légitimiste; mais ce parti, ni par ses intérêts, ni par ses principes, n'est aussi éloigné du gouvernement actuel qu'on veut le faire croire. Il y a dans ce parti une élite d'hommes qui partagent toutes les idées que j'exprime ici. Ils n'ont pas pour s'abstenir les raisons qu'on pouvait invoquer après 1830; ils savent faire la différence entre un trône relevé par le suffrage populaire et un trône usurpé par un prince félon; ce n'est pas la difficulté du serment qui les arrête; ce serment, ils le prêteraient avec beaucoup plus de loyauté que tous ces thuriféraires empressés et serviles que nous voyons, avec la même cassolette, prodiguer le même encens à tous les régimes. Mais il leur répugne d'entrer, soit au Corps législatif, soit dans les conseils-généraux, autrement que par le libre choix de leurs concitoyens. Et qu'arrive-t-il? Tel se présente au scrutin sans aucune pensée d'hostilité, mais avec le désir très-honorable de garder la liberté de ses opinions ; on le combat comme un ennemi ; l'irritation de la lutte finit par exciter en lui des sentiments tout contraires à ceux qui le dirigeaient dans le principe ; on s'est fait de lui, en le repoussant de la place, un implacable adversaire, alors que si on l'y avait laissé entrer, il serait devenu peut-être un précieux auxiliaire.

J'ai parlé des mauvais sentiments et des tristes habitudes que finit par engendrer l'abstention lorsqu'elle cesse d'avoir pour mobile une conviction sérieuse. J'ai signalé l'inconvénient résultant pour la société des goûts de paresse et de vaine dissipation qui ont envahi les classes supérieures. Je suis persuadé que ces déplorables dispositions ne tarderaient pas à changer sous l'influence de bons exemples. Le jour où un régime plus libéral permettrait aux notabilités éclairées du parti légitimiste de reprendre un rôle actif dans les affaires publiques, la masse du parti se réveillerait peu à peu de son engourdissement ; les nobles émulations renaîtraient, l'horizon des esprits s'élargirait, on ambitionnerait d'autres occupations et d'autres gloires que celles de l'écurie et du chenil. Au soleil bienfaisant de la liberté, le parti légitimiste tout entier reprendrait une vie nouvelle.

Et je ne pense pas que la liberté eût à se repentir d'avoir amené ce réveil. Si, par tempérament et par intérêt, le parti légitimiste a en horreur la licence, il puise dans ses traditions mêmes et dans l'esprit d'indépendance que donnent les situations de fortune solidement assises, des idées qui sont loin de pouvoir s'accommoder d'un gouvernement absolu. N'en déplaise à ceux qui ne jugent le parti légitimiste que d'après de vieux préjugés, il n'y a pas de parti qui, au fond, soit plus ennemi de l'arbitraire.

XXXV

Ce n'est pas un pamphlet de parti que j'écris. Je ne cherche pas à flatter les passions. Ma préoccupation est de ne parler que le langage de la raison et de la vérité.

Je ne conteste pas les prospérités du temps actuel; mais n'y a-t-il pas des esprits un peu trop disposés à s'y complaire et faisant trop facilement abstraction des éventualités au milieu desquelles nous vivons? Sous tous les régimes il y a eu de ces optimistes; ils n'aiment pas les alarmistes, et ils ont raison; mais ils vont dans une exagération contraire qui a bien aussi ses inconvénients. Ils ont soin d'écarter toute pensée qui pourrait déranger leur quiétude du moment; ils sont tranquilles et heureux aujourd'hui, l'avenir ne les occupe pas; si on les pressait de questions à ce sujet, ils diraient volontiers comme Louis XV : après nous le déluge! Et cependant, que serait la sécurité dont nous jouissons, si elle ne tenait qu'à l'existence du prince qui, depuis douze ans, occupe le trône? Que serait l'Empire s'il devait finir avec l'Empereur actuel? C'est la volonté de Napoléon III qui aujourd'hui gouverne; c'est son génie qui nous a fait sortir de tant de difficultés et nous a dotés de tant de prospérités : je l'entends dire sur tous les tons, et je le crois; mais cela suffit-il pour me rassurer sur l'avenir? J'ai besoin d'être convaincu que le système de gouvernement pratiqué avec un succès si éclatant par Napoléon III, pourra donner les mêmes résultats sous Napoléon IV, et c'est ici que mes doutes commencent.

Je ne songe certes ni à attaquer le principe de la constitution qui nous régit, ni à contester la sagesse des modifications qu'elle a déjà subies; par bien des côtés elle est supérieure à toutes les constitutions antérieures. Mais son fondateur lui-même nous a dit qu'elle n'était pas la dernière expression de sa pensée ; il a jeté les bases d'un édifice dont il nous a promis le couronnement pour des jours meilleurs. Est-ce lui faire une insulte que d'exprimer la conviction que ces jours meilleurs sont venus, et qu'il est de son intérêt, comme de l'intérêt de la France, qu'il les mette à profit et qu'il ne laisse pas à son successeur l'embarras d'une œuvre inachevée ?

XXXVI

J'admets que le système de gouvernement inauguré il y a douze ans, fût ce qu'il y avait de mieux à établir dans les circonstances où nous nous trouvions alors; j'admets qu'il n'y ait qu'à se féliciter des résultats qu'il a produits jusqu'à ce jour ; il n'en est pas moins vrai que plus une constitution concentre la puissance dans les mains du chef de l'État, plus elle dépend elle-même de la valeur personnelle du souverain. Supposez à la tête du système, actuellement pratiqué, une volonté moins ferme et moins intelligente, vous offrirait-il encore les mêmes avantages? Êtes-vous sûr même qu'il pourrait se maintenir trois mois?

A entendre certaines personnes, le gouvernement impérial s'exposerait aux plus grands dangers en changeant de politique. Selon moi, le vrai danger pour lui ce serait que la France partageât cette opinion au moment où un enfant aurait à recueillir l'héritage de César. L'Empereur Napoléon III a vaincu bien des obstacles et fait justice de bien des préjugés; il en est un qu'il n'a pas encore détruit et qu'il est de son honneur de ne plus laisser subsister, c'est le préjugé qui existe contre la liberté politique.

On exagère les inconvénients de cette liberté

comme on exagérait naguères les inconvénients de la liberté commerciale, et comme auparavant on avait exagéré les inconvénients du suffrage universel. Je me rappelle avoir été traduit devant la Cour d'assises pour avoir demandé le suffrage universel ; on m'accusait de prêcher une doctrine subversive de tout ordre social. Il a été une époque où l'on eût taxé de démence celui qui aurait osé dire qu'une société pouvait vivre sans esclaves. Je suis convaincu que la liberté politique peut en France reprendre tous ses droits, sans qu'il en résulte pour la société plus de préjudice que de tant d'autres progrès accomplis en dépit de sinistres prédictions et d'aveugles oppositions.

Comment ne pas voir d'ailleurs que cette liberté est loin de présenter sous le gouvernement actuel, les mêmes périls que sous les gouvernements qui l'on précédé ? Sous la Restauration elle était une arme livrée aux colères et aux haines qu'avait excitées l'invasion, une arme livrée encore aux intérêts révolutionnaires qu'alarmait le retour de tant d'hommes si longtemps proscrits et si injustement dépouillés. Sous Louis-Philippe, devenu roi par l'usurpation des droits de Henri V et par l'escamotage du droit populaire, deux partis, le parti légitimiste et le parti républicain, trouvaient dans l'exercice de cette liberté le moyen de battre en brèche chaque jour, par des argumentations irrésistibles, un gouvernement qui ne reposait sur aucun principe. Sous la République de Février, imposée par surprise à la France et réduite, dès le lendemain, à lutter à la fois contre les instincts démagogiques qu'elle avait éveillés et contre les instincts monarchiques qu'elle avait blessés, il est évident encore que la liberté politique ne pouvait être qu'un instrument de destruction. Si pourtant on veut bien aller au fond des choses, on reconnaîtra que c'est moins par la liberté que par les vices originels de leur constitution que ces trois gouvernements sont tombés. Sans la faute que commit Louis XVIII, en s'isolant de la nation par l'établissement d'un cens électoral, sans la faiblesse que montra Charles X en 1830, la Restauration peut-être vivrait encore; sous les deux régimes qui lui ont succédé, la liberté n'a enfanté l'anarchie que parce qu'elle était mariée à des pouvoirs qui ne pouvaient engendrer autre chose.

Nous sommes aujourd'hui dans des circonstances bien différentes. Il n'y a rien dans les difficultés de la situation actuelle qui ressemble aux terribles antagonismes d'idées et d'intérêts qui agitaient la France sous la Restauration, et le gouvernement de Napoléon III puise dans les sympathies populaires une force d'autorité qui n'a pas cessé de faire défaut à la République aussi bien qu'à la Royauté de 1830, malgré la prétention de ces deux gouvernements de représenter la souveraineté du peuple. Il est à l'abri de bien des griefs qui servaient de thème à l'opposition sous les pouvoirs précédents. On ne peut lui reprocher de n'offrir pas de suffisantes garanties à l'ordre public. Avant lui la France était périodiquement troublée par de sanglantes tentatives de révolte : il a paru, l'émeute a abdiqué. On ne peut pas l'accuser d'avoir fait moins que les régimes antérieurs pour le bien-être matériel des populations ; il serait stupide de méconnaître les progrès accomplis depuis douze ans. On ne peut pas lui refuser le mérite de porter à un haut degré le sentiment de l'honneur national dans ses relations avec l'étranger, et non plus on ne saurait nier la modération qu'il a montrée dans la victoire. Quel est le grand grief dont ses adversaires restent armés contre lui ? Il nous a dépouillés, disent-ils, de la liberté politique dont nous jouissions ; il n'ose pas nous donner ce que nous donnait la Restauration, ce que nous donnaient la Royauté de 1830 et la République de 1848 ; il nous réduit à l'humiliation de nous voir dépassés, sous ce rapport, par l'Angleterre, par la Belgique, par l'Autriche même. Voilà le reproche que formulent contre lui les partis, et qui pourrait, à une heure donnée, trouver un formidable écho.

Et pourtant qu'aurait-il à craindre de changer de système ? Tout serait bénéfice pour lui dans cette concession faite à des opinions plus hostiles en apparence qu'elles ne le sont au fond. Que resterait-il du parti républicain et que resterait-il du parti orléaniste ? Ce dernier surtout ne vit que des regrets qu'a laissés la liberté politique. Que cette liberté nous soit rendue, et il ne s'appuie plus sur rien, il est désarmé, il disparaît. Le parti légitimiste a une situation qu'il est moins facile de supprimer ; il défend un principe qui conserve une valeur considérable, quelle que soit la solution donnée à ces questions de liberté actuellement agitées ; mais le gouvernement impérial a-t-il à prendre ombrage de la fidélité gardée à ce principe ?

M. le comte de Chambord n'a point d'enfants, et la vieille maison de France n'est représentée après lui que par des princes qui n'ont cessé de trahir et de renier la cause pour laquelle tant de nobles cœurs se sont résignés à tous les sacrifices. Les légitimistes sont donc vis-à-vis du second Empire dans des conditions tout autres que celles où ils se trouvaient vis-à-vis du premier Empire.

Quelle erreur de croire que si un régime de liberté un peu plus large leur permettait de rentrer dans les affaires publiques, ils n'en profiteraient que pour travailler au renversement de la dynastie napoléonienne !

Je ne dis pas qu'il n'y ait point quelques anciens débris de l'Assemblée Législative qui jamais ne pardonneront à Napoléon III l'humiliation des vingt-quatre heures passées dans la prison de Mazas en décembre 1851; mais ce sont là des rancunes que la masse du parti légitimiste ne partage point.

L'influence que pourraient reprendre les légitimistes à la faveur d'un régime plus libéral, loin d'être un danger pour la monarchie actuelle, lui prêterait une force de conservation qui lui manque.

XXXVII

Sous le gouvernement même le plus éclairé, le plus fort et le plus populaire, il y aura toujours des diversités d'opinions et de tendances, résultant de la diversité des éléments dont se compose une nation. Il y aura toujours lutte entre des intérêts satisfaits et des intérêts à satisfaire, entre les exagérations de l'esprit d'ordre et les exagérations de l'esprit de liberté, entre les faits établis et les aspirations de l'avenir, entre les vérités sanctionnées par l'expérience et les entraînements d'illusions et de passions, souvent très-généreuses. Il peut arriver que, pendant dix ans, pendant vingt ans même, l'autorité gouvernementale soit assez puissante pour aller à travers tous ces courants d'opinion sans en subir l'influence ; mais tôt ou tard vient un moment où il faut compter avec eux.

Il est évident pour moi qu'aujourd'hui déjà les opinions révolutionnaires, battues avec tant d'éclat en 1851, ont reconquis beaucoup de terrain.

Par son décret du 24 novembre, l'Empereur, en élargissant les attributions du Corps législatif, a reconnu la nécessité d'un contrôle plus efficace des actes du gouvernement. Malheureusement, selon moi, c'est dans un sens tout révolutionnaire que s'établit, jusqu'à ce jour, le contre-poids dont on a proclamé l'opportunité. Il ne m'en coûte pas de voir dans les élections de Paris une très-grande et très-loyale victoire remportée par des amis de la liberté parfaitement honnêtes et désintéressés ; mais quelle signification ces élections ont-elles au point de vue du principe monarchique, qui entre bien au moins pour quelque chose dans la constitution impériale? Je ne mets pas en doute la sincérité des députés de la gauche disant : « Nous ne songeons pas à renverser l'Empire, nous ne lui demandons que de donner une légitime satisfaction à l'esprit de liberté. » Mais on m'accordera bien que ces députés, préoccupés surtout de développer le côté libéral de la constitution actuelle, n'attachent qu'une importance très-secondaire à son côté monarchique, qui en est cependant une partie essentielle. En définitive, leur principe c'est la souveraineté du peuple, principe très-variable dans ses manifestations, et qui ne saurait être jamais la base unique, la raison d'être unique d'un établissement dynastique.

Eh bien! je crois qu'il serait fâcheux que le pouvoir gouvernemental n'eût de contre-poids que dans le sens de cette opinion. Il peut lui arriver d'avoir à se défendre de ce côté contre des prétentions excessives, et ce n'est pas tout, pour lutter en certaines circonstances contre une opposition parlementaire, que d'avoir une majorité aveuglément obéissante. L'expérience nous a appris ce que deviennent quelquefois ces majorités dans les temps de crise. Il n'est pas inutile que pour résister à des partis disposés à aller aux nouveautés d'une manière téméraire, le gouvernement puisse s'appuyer à l'occasion sur un parti, joignant à l'amour de la liberté un sérieux attachement au principe monarchique et apportant à la défense des intérêts conservateurs de la société l'autorité d'une situation indépendante.

C'est ce rôle que le parti légitimiste me semble appelé à remplir.

Et je dis ceci : L'art de gouverner ne consiste pas à étouffer les aspirations ou les passions diverses qui se produisent dans une société ; il consiste à en faire un emploi intelligent. La vie d'une grande et vieille nation, telle que la France, se compose de sentiments et d'intérêts multiples, sur lesquels il serait insensé de vouloir passer le niveau d'un système absolu. Il faut voir cette société telle qu'elle est, tenir compte de l'esprit de mouvement qui l'emporte vers l'avenir, ne pas dédaigner les attaches qu'elle conserve avec le passé, rechercher tout ce qu'il y a de juste et de vrai dans des opinions et des tendances qui semblent se combattre et souvent n'ont besoin que d'être bien comprises et bien dirigées pour converger vers le même but. C'est à cette œuvre que doit se consacrer un gouvernement qui veut durer.

XXXVIII

Comme je l'ai déjà fait remarquer, il y a deux choses à considérer dans le parti légitimiste : l'idée politique qu'il défend, et la force sociale qu'il représente, indépendamment de cette idée, par ses fortunes territoriales. Il ne s'agit pas seulement d'empêcher l'idée politique de périr ; il s'agit encore d'utiliser cette force sociale et de la sauver du mépris public où elle risque de tomber par un système d'abstention qui, chez beaucoup d'héritiers du vieux parti royaliste, n'a plus l'excuse de son premier mobile et chez quelques-uns même n'a plus que le caractère d'un lâche et coupable égoïsme.

Je ne crains pas de dire à ce sujet toute ma pensée.

XXXIX

Et d'abord, qu'il me soit permis de rappeler des paroles que j'ai déjà citées ailleurs, et qui empruntent une autorité particulière à la situation de celui qui les prononçait. Voici ce que me disait, il y a treize ans, à Frohsdorf, M. de Montbel, l'ancien ministre de Charles X, l'un des signataires des ordonnances de 1830 :

« Désormais, il ne peut plus y avoir en France « d'autre privilége que celui de l'intelligence ; le ré- « gime aristocratique a fait son temps, on ne le res- « suscitera pas. Les aristocraties n'ont de raison « d'être que lorsqu'elles remplissent une fonction « sociale, lorsqu'elles sont un des rouages nécessai- « res du mécanisme gouvernemental, lorsqu'elles « ont conservé, comme en Angleterre, une partici- « pation active dans les affaires et une réputation « de supériorité, justifiée par leurs lumières et par « les services rendus ; le jour où elles abdiquent ce « rôle, le jour où elles cessent d'être la partie la « plus éclairée et la plus influente de la nation, « elles n'ont plus de titre à occuper dans l'État une « position exceptionnelle. Aucune classe en France « ne peut plus aujourd'hui revendiquer le privilége « de l'intelligence ; aucune ne peut donc revendi- « quer de privilége dans le gouvernement ; car c'est « avec l'intelligence qu'on gouverne les peuples. La

« Royauté française l'a toujours compris ; elle cher-
« chait ses ministres parmi les hommes les plus émi-
« nents, sans se préoccuper de leur origine ; elle ne
« s'enquérait pas des quartiers de noblesse de
« Suger, elle ne demandait pas à Colbert s'il avait
« des aïeux . . . .

« Le travail est la loi de l'homme, me dit encore
« M. de Montbel ; celui à qui Dieu n'a donné que
« ses bras, doit contribuer du travail de ses bras à
« l'œuvre sociale ; celui à qui Dieu a départi la for-
« tune et les avantages de l'éducation, doit se sou-
« venir qu'il n'a reçu ces dons que pour les faire
« servir au bien général. Malheur à lui s'il l'ou-
« blie !..... »

En m'occupant ici de la situation du parti légitimiste, et en signalant les tristes effets de son abstention, il m'était difficile de ne pas me souvenir de ces grandes et larges pensées, que j'ai trouvées sous le toit qui abrite la Royauté exilée.

XL

Sans aucun doute, le principe de la propriété survivra à toutes les révolutions ; mais dans ses applications il a déjà subi, il est exposé à subir encore de nombreuses modifications. Nos droits sur les biens que nous avons acquis par notre travail ou que nous avons reçus par héritage, sont loin d'être aussi absolus que se l'imaginent beaucoup d'esprits. Ils sont subordonnés dans une certaine mesure à un droit supérieur qui est celui de l'État. C'est aller contre l'évidence des faits que de présenter la constitution de la propriété comme antérieure à toutes les constitutions politiques et indépendante de l'intérêt général de la société. La propriété n'existe qu'à la condition d'une organisation sociale ; si fondés et si légitimes que soient les titres sur lesquels elle repose, ces titres individuels n'ont pu se passer de la protection et des garanties offertes par cette puissance collective qu'on appelle l'État. La propriété a eu besoin pour s'établir, elle a besoin pour se conserver, de s'appuyer sur un gouvernement, sur des tribunaux, sur une police, sur une armée. Elle a donc une double base, une double origine ; elle n'est pas seulement une œuvre de l'activité individuelle, elle est l'œuvre aussi de l'État ; et si elle représente des droits individuels que l'État doit respecter et faire respecter, elle a elle-même envers l'État des obligations qu'elle ne doit pas oublier.

Une école s'est produite qui, poussant à l'extrême la théorie de la souveraineté de l'État, est arrivée à la négation de tous les droits particuliers, et attribue à l'État une autorité sans limite sur le patrimoine des familles. Je n'ai pas besoin de dire combien cette doctrine me paraît insensée ; mais nous voyons se produire, dans un sens contraire, des opinions qui ne sont pas plus raisonnables. Il y a malheureusement des privilégiés de la fortune, qui, dépravés par des habitudes d'oisiveté, ont complétement perdu la notion des devoirs qu'ils ont à remplir dans la société : ils affectent un superbe dédain pour toute idée généreuse, pour tout sentiment élevé ; ils n'ont plus une pensée à donner ni à la religion, ni à la patrie, ni aux intérêts populaires qui s'agitent autour d'eux ; ils ne croient plus à rien qu'à leur droit de jouir des biens qu'ils ont reçus de leurs pères ; ils ne sont plus ni chrétiens, ni Français ; mais ils sont propriétaires, et très-sérieusement ils sont persuadés qu'il n'y a qu'une chose à défendre en ce monde, qu'un principe à sauvegarder, qu'un intérêt à protéger et à conserver : la propriété. Ils n'ont eu que la peine de naître, ils ont trouvé au seuil de la vie une position toute faite, ils en usent et en abusent, ils disparaîtront de la terre sans avoir rendu un service à leur pays, et si l'Etat a besoin de prélever sur leur superflu quelqu'impôt nouveau, les voilà qui s'indignent et crient qu'on leur fait injustice. Chaque année la conscription enlève quatre-vingt mille paysans à la charrue et aux affections de famille, pour les besoins de la sécurité sociale; des millions d'hommes supportent sans se plaindre le lourd poids du travail : ces indignes privilégiés de la naissance ne considèrent rien de tout cela; ils se croient quittes envers la société quand ils ont payé au percepteur leur part des contributions; le devoir de l'État est de leur assurer protection au meilleur marché possible; toute leur politique se réduit à cette idée. Eh bien! cette idée est fausse, et les classes supérieures pourraient un jour l'apprendre cruellement à leurs dépens, si par malheur les tendances déplorables contre lesquelles je proteste ici venaient à se généraliser.

XLI

Je suis loin de vouloir assombrir le tableau des mœurs actuelles. Je sais tout ce qu'il y a encore de nobles vertus dans les classes élevées; mais je signale le danger qui peut résulter de la contagion de mauvais exemples. Je ne prétends pas non plus que les tristes tendances dont je m'afflige n'aient d'autre cause que l'abstention légitimiste; il y a eu des riches désœuvrés, égoïstes et corrompus dans tous les temps; il y en a dans tous les partis; mais je dis que cette plaie sociale s'est considérablement étendue et aggravée sous l'influence du système d'abstention adopté par les légitimistes. Je ne veux d'ailleurs être injuste d'aucune manière. Il faut voir les hommes tels qu'ils sont et tenir compte des pentes où souvent ils sont entraînés sous l'action de circonstances et d'idées auxquelles il leur est difficile de résister, à moins d'une force d'intelligence et de volonté que Dieu n'a pas départie à tous. On est né à une époque où la foi royaliste était ardente encore; on a été élevé dans le culte des traditions de famille, on s'est dit en quittant les bancs des écoles : « Je ne ferai pas mentir le sang de mes pères, et je n'attends que l'heure prochaine de la restauration royale pour mettre au service de mon pays un dévouement absolu. » Puis les années ont succédé aux années; on n'a plus entendu les chants d'espoir qui, autrefois, faisaient bondir le cœur; on a vu le vieux droit représenté par un prince sans postérité; on s'est dit : « C'en est fait de la légitimité, c'en est fait de la France. » Et comme on avait devant soi la vie facile que procure la fortune, on s'est laissé aller à ses jouissances, sans plus se préoccuper des intérêts de la patrie; et de chute en chute, dans cette voie, quelques-uns sont tombés dans le plus honteux matérialisme.

XLII

Il y a heureusement encore un parti légitimiste très-nombreux, qui survit à toutes les épreuves et à toutes les déceptions, et qui, malgré son abstention politique, ne renonce nullement à ses devoirs sociaux. Mais je ne crois pas le calomnier en constatant le sentiment de tristesse et de découragement qui s'est emparé de lui. Il est atteint de la maladie du pessimisme. C'est cette maladie qu'il s'agit de combattre.

Elle est entretenue par deux causes : la première c'est l'isolement où vivent les légitimistes, leur éloignement des affaires publiques, l'effacement auquel ils se sont condamnés ; la seconde, c'est l'erreur où ils sont, la plupart, de croire que si M. le Comte de Chambord venait à disparaître, le rôle du parti légitimiste serait fini.

XLIII

On m'accusera peut-être de soulever témérairement certaines questions d'avenir. Mais puisqu'elles sont du domaine des éventualités contemporaines, et qu'après tout elles ont dès aujourd'hui une influence considérable sur la situation du parti légitimiste, pourquoi craindre de les aborder?

Ce n'est certainement pas manquer de respect à M. le comte de Chambord que de porter la discussion sur les conséquences que sa mort pourrait avoir pour la France. J'ai d'ailleurs une trop haute idée du principe qu'il représente pour ne pas protester, de toute l'énergie de mes convictions, contre les découragements qui naissent déjà de l'appréhension d'un événement que je prie Dieu, du fond de mon cœur, de remettre aussi loin que possible.

XLIV

Nous nous appelons le parti légitimiste. C'est notre seul nom aujourd'hui, le seul que nous soyons jaloux de revendiquer ; et le vrai caractère de notre doctrine se révèle tout entier dans ce détail. Les qualifications de Carliste et d'Henriquinquiste, dont on affectait de se servir autrefois en parlant des défenseurs du vieux droit, ont toujours été repoussées par eux comme renfermant une intention blessante ; et, en effet, elles tendaient à rabaisser les légitimistes dans l'opinion publique, en réduisant à une question de personnes ce qui est une question de principe. Même la qualification de royaliste n'a plus cours dans la polémique ; ceux qui auraient le droit de la prendre obéissent comme à une sorte de crainte instinctive de s'y trouver encore trop à l'étroit. Sans se rendre tous compte parfaitement des raisons qui les dirigent, ils suivent la logique du principe auquel ils appartiennent. L'antique royauté est tombée; demain, un arrêt du ciel peut briser ses dernières espérances. Mais l'idée qui fait la force du parti légitimiste, sera-t-elle anéantie par cet événement? Non. La mission sociale du parti légitimiste sera-t-elle terminée? Non. Le parti légitimiste a une raison d'être indépendante des accidents humains qui emportent un prince, qui mettent fin à l'histoire d'une dynastie. Cela est si vrai, que si le ciel avait permis à l'usurpation de 1830 de durer, la Royauté nouvelle, créée par cette usurpation, eût été amenée tôt ou tard à désavouer son origine et à chercher son appui dans le parti légitimiste. Une autre dynastie s'est élevée. Quelle que soit sa gloire et sa popularité, il n'est pas sans importance pour elle d'avoir dans l'avenir à ses côtés un parti traditionnellement voué à la défense du pouvoir héréditaire.

XLV

Je ne me dissimule pas que les passions du moment ont toujours joué un grand rôle dans les opinions. De vieux amis politiques me diront peut-être avec une sorte d'indignation : « Vous voulez donc que nous nous résignions à être un jour les Tories du nouveau régime qui s'est établi en France ? »

Je n'ai la prétention d'imposer mes idées à personne ; je ne sais d'ailleurs quels sont les événements que Dieu nous réserve ; mais je ne crois pas avoir exprimé dans cet écrit une pensée qui ne soit parfaitement conforme à la vraie doctrine légitimiste.

Je vois autour de moi de nobles cœurs profondément découragés. Est-ce un crime de ne pas partager ce découragement ? A ceux qui me blâmeront, je suis en droit de dire : « Vous n'acceptez pas mes conclusions ; mais quelles sont les vôtres ? Si vous n'avez que le néant à nous offrir, permettez-moi de me rattacher aux réalités et de ne pas oublier que la France n'est pas morte encore. »

Non, je le répète, l'existence du parti légitimiste ne dépend pas de tel ou tel accident venant ajouter un deuil nouveau à toutes les afflictions que nous avons éprouvées déjà.

XLVI

Mais si en dépit de tous les coups qui peuvent encore nous atteindre dans nos affections, nous conservons une situation importante dans le pays et sommes un parti avec lequel tout gouvernement devra compter, ce n'est pas parce que nous ferons une opposition systématique au pouvoir actuel et que, méconnaissant le véritable esprit de l'ancienne monarchie, nous nous mettrons avec l'Autriche contre l'Italie, avec la Russie contre la Pologne, avec la Confédération germanique ou l'Angleterre contre le mouvement politique qui va enfin délivrer l'Europe des traités de 1815.

Ce qui fait notre force, c'est notre principe, ce sont nos traditions, et ce serait singulièrement en rabaisser la valeur que de nous montrer jaloux des prospérités et des gloires nouvelles de la patrie. Nous sommes le parti du droit et de la justice, et nous sommes le parti national par excellence, ou nous ne sommes rien.

XLVII

A l'heure où j'écris ces lignes des événements considérables semblent se préparer. Des circonstances peuvent se présenter où il ne sera pas inutile que toutes les espérances fondées à l'étranger sur nos divisions politiques, comme aussi toutes les méfiances entretenues, au cœur de la France, par ces divisions, soient dissipées. C'est en grande partie sous l'impression de cette idée que j'ai pris la plume. J'entends dire déjà qu'il s'agit d'une lutte suprême entre les principes anciens et les principes nouveaux. Si la guerre éclatait, nous entendrions dire, peut-être, qu'il y a en France un parti de l'étranger. A tout cela j'éprouve le besoin de répondre dès maintenant : Non, il ne s'agit pas d'une lutte entre les principes anciens et les principes nouveaux, dans le sens au moins qu'attachent à ces mots les écrivains de la Révolution ; non, il n'y a pas en France de parti de l'étranger.

L'opinion légitimiste ne doit pas être rendue solidaire et responsable du langage que tiennent en ce moment quelques-uns de ses organes. Quand ils viennent nous parler des traités de 1815 comme du palladium de la légitimité, ils calomnient et outragent la légitimité. Ils oublient avec quel sentiment de douleur la Restauration subit l'humiliation de ces traités. Ils oublient les patriotiques efforts qu'elle ne cessa de faire pour relever la France des coups que lui avait portés l'invasion. Ils oublient qu'au moment où cette Restauration tombait, elle poursuivait la pensée de nous faire restituer notre limite du Rhin. Ils oublient que la réunion de la Belgique à la France constituait un des articles du programme royaliste avec lequel la duchesse de Berry vint en 1832 combattre l'usurpation orléaniste. Ils oublient enfin toutes les luttes soutenues si longtemps par les légitimistes, dans la presse et à la tribune, pour dégager l'honneur du drapeau blanc des désastres et des humiliations de 1814 et de 1815.

En prenant la défense des traités signés à cette époque, ils sont loin certainement des pensées impies que la Révolution a si souvent et si injustement attribuées au parti légitimiste ; leurs plaidoyers en faveur de la paix, prouvent assez qu'ils ne placent pas leurs espérances de restauration dans une nouvelle invasion ; mais ils cèdent à certaines passions du jour ; ils se font les flatteurs de cet esprit bourgeois qui s'alarme de toute grande idée et s'insurge contre tout ce qui peut momentanément déranger la quiétude des intérêts de Bourse. La vraie politique légitimiste n'a rien de commun avec cet esprit-là ; elle ne sacrifie pas à ces instincts égoïstes et à ces calculs étroits les glorieuses traditions de la France et les intérêts généraux de l'humanité.

XLVIII

La situation où se trouve aujourd'hui l'Europe ne peut pas se prolonger. Il est temps d'en finir avec ces causes de division, qui tiennent les nations en armes depuis tant d'années et paralysent dans sa marche la civilisation moderne. Henri V serait sur le trône qu'assurément tous les légitimistes auraient applaudi avec orgueil à cette pensée de convier les souverains de l'Europe à se réunir à Paris pour aviser aux moyens d'établir les bases d'une paix durable et féconde. Que dis-je? Je suis convaincu que si la Restauration n'avait pas été renversée, il y a longtemps que cette œuvre serait accomplie et qu'il n'y aurait plus trace des traités de 1815. Il fallait que tôt ou tard la France, pour son honneur et le bonheur futur des peuples, fît entendre au monde cette parole : « Les traités de 1815 ont cessé d'exister. » La Révolution n'a pas laissé à notre ancienne Royauté le temps de la prononcer ; mais elle a été enfin prononcée, et je ne crains pas de témoigner hautement ma reconnaissance de la joie que j'en ai éprouvée.

Demain, après-demain, seront dans la poussière oubliée de l'histoire, les petites protestations qui s'élèvent contre la résolution signifiée par l'Empereur à l'Europe, de ne plus reconnaître les traités de 1815. Il y a des politiques qui ne croient pas au Congrès ; le Congrès aura lieu quoi qu'on dise et quoi qu'on fasse ; il sera librement accepté par toutes les puissances, ou il sera subi par celles qui le repoussent aujourd'hui, lorsque la France leur aura prouvé ce dont elle est capable encore. Et le jour où il deviendrait nécessaire de parler autrement que par des notes diplomatiques, j'aime à penser que toutes les nuances d'opinion, qui nous divisent aujourd'hui, disparaîtraient, et que ce ne serait pas le parti légitimiste qui montrerait le moins d'ardeur et de dévouement à soutenir l'Empire dans cette lutte décisive contre l'humiliation que l'Europe victorieuse imposa en 1815 à la Royauté française. C'est un reproche que cette Royauté peut faire au premier

Empire de lui avoir légué le lourd et cruel fardeau de ses désastres ; il est de l'honneur du second Empire d'effacer cette page douloureuse de nos annales ; et le parti légitimiste serait bien aveugle s'il ne voyait pas le rôle qui lui est tracé en ces circonstances. Il ne peut que s'élever et grandir dans l'estime publique en se dégageant des mesquines passions du moment pour s'associer hautement et résolûment à une politique si conforme à ses intimes sentiments. Il ne dépend que de lui de réduire au silence les adversaires qui veulent lui faire porter la responsabilité de l'heure de défaillance où notre ancienne Royauté permit le partage inique de la Pologne. Il ne dépend que de lui de ne pas laisser dire dans quelque temps que c'est la Révolution qui a triomphé, malgré lui et contre lui, dans l'œuvre de réparation entreprise par l'Empereur. Il ne dépend que de lui de rattacher les gloires nouvelles de la France à ses gloires anciennes, de faire voir le lien qui unit la tradition impériale à la tradition royaliste dans toutes les grandes œuvres du temps actuel.

LXIX.

J'explique et complète ma pensée. Il s'est produit un mouvement d'opinion auquel, nous, légitimistes, nous ne devons pas nous associer. Y a-t-il justice à reprocher au gouvernement impérial l'attitude qu'il a prise et les résolutions qu'il a manifestées à l'occasion des conflits qui, dans ces derniers temps, ont éclaté en Europe? Peut-on l'accuser sérieusement d'avoir apporté de la précipitation et de la témérité dans sa conduite? Il y a plus d'un an que la Pologne est insurgée et que des voix généreuses le sollicitent de porter secours à cette nation qu'on extermine. Il a résisté à l'impatience de ces appels, il a voulu attendre que l'insurrection polonaise eût prouvé qu'elle est autre chose qu'un coup de tête de quelques partisans ; et pendant un an il s'est contenté d'adresser à la Russie d'amicales remontrances. On sait comment ces premières tentatives de la diplomatie ont été accueillies, et l'on sait aussi avec quelles amères railleries la presse a constaté leur insuccès. Qu'a fait enfin le gouvernement impérial ? Il ne pouvait pas dans la situation actuelle de l'Europe, au milieu des complications qui se produisent avec une gravité si évidente, il ne pouvait pas renoncer pour la France au rôle qui lui appartient dans les affaires du monde. Pour donner un dernier témoignage de ses intentions pacifiques, en face d'événements qu'il n'a pas provoqués, il a proposé un congrès européen. C'est cette proposition qui a excité de si vives alarmes ; c'est à l'occasion de cette proposition que se sont manifestées au Sénat, au Corps Législatif et dans une partie de la presse, des oppositions nous montrant déjà l'Europe en feu et les Cosaques bivouaquant de nouveau aux Champs-

Elysées. Que n'eût-on pas trouvé à dire cependant, si le gouvernement impérial s'était silencieusement croisé les bras et avait fait de la paix à tout prix le principe de sa conduite? Que de gens qui se sont effrayés de son attitude, et qui l'auraient accusé de suivre une politique indigne de la tradition impériale, indigne de toutes les traditions de la France?

Depuis les débats parlementaires qu'a soulevés cette proposition d'un congrès européen, de nouveaux et sanglants événements se sont chargés de démontrer, de la manière la plus éclatante, combien elle était profondément sage et prévoyante. Ou je me trompe fort pourtant ou il y a encore une foule d'esprits qui résistent à tous ces enseignements.

Est-ce à nous, légitimistes, qu'il peut convenir de grossir et d'encourager de telles oppositions?

Que nous ne nous montrions pas impatients d'assister à une conflagration universelle, je le comprends; que nous fassions nos réserves contre les projets insensés qui pourraient naître de l'ivresse du succès, si la France était engagée dans une guerre générale, et que nous n'envisagions pas la situation avec les mêmes idées tout à fait que l'école révolutionnaire, je le comprends ; mais que nous méconnaissions ce qu'il y a eu jusqu'à ce moment de juste, d'habile et de national dans la politique de l'Empereur, et que nous nous joignions à ceux qui disent : « La France ne peut pas faire la guerre ; elle n'a qu'à courber la tête devant les refus qui lui ont été signifiés par l'Angleterre, l'Autriche et la Prusse de s'entendre avec elle sur une solution pacifique des grandes questions qui remuent aujourd'hui l'Europe ; » voilà ce que jamais, non jamais, je ne comprendrai.

L

Souvenons-nous de ceci. Pendant quinze ans les traités de Vienne servirent de grief contre la Restauration à des hommes qui la plupart avaient abandonné le premier Empire aux jours de ses revers. Des écrivains, des avocats, des industriels, des rentiers, qui avaient salué presque avec des transports de joie l'entrée des armées étrangères à Paris, trouvèrent tout naturel, après quelques années de paix, de s'associer aux stupides accusations élevées contre les Bourbons au sujet de cette grande calamité de l'invasion. La Restauration, qui avait sauvé la France, est tombée sous le poids de toutes ces préventions et de toutes ces colères injustes, amassées et excitées contre elle par ceux qu'on a appelés avec raison les comédiens de quinze ans ; elle est tombée au moment où, par une alliance avec la Russie, elle allait peut-être, sans avoir besoin de tirer l'épée, effacer la dernière trace des désastres qui lui avaient été légués. Trois gouvernements se sont succédé depuis; l'histoire, telle que continuent à l'écrire les révolutionnaires, laisse toujours peser sur la Restauration les mêmes préjugés, les mêmes accusations ; et les traités de 1815 existent encore, la blessure qu'ils ont faite à la France n'est pas guérie ! Voici cependant que le trône est occupé par l'héritier du puissant génie que la Révolution s'est efforcée de diviniser en haine de l'ancienne monarchie; et quand, après douze ans de politique patiente et modérée, après douze ans de temporisation, l'Empereur Napoléon III, poussé en quelque sorte à bout par les événements, déclare que la situation créée par les traités de 1815, n'est plus tenable, et que le moment est venu d'appeler sur cette question la sérieuse attention des souverains de l'Europe, que voyons-nous? Presque tous les vieux ennemis, tous les vieux insulteurs de la Restauration, coalisés pour prêcher le maintien des traités de 1815.

Et l'on voudrait que, par complaisance pour les passions et les intérêts misérables dont cette coalition se fait l'organe, le parti légitimiste lui prêtât son concours? Serait-ce bien là un rôle digne de lui? Je ne le pense pas. Ce que lui commandent et son honneur et une intelligente appréciation des circonstances actuelles, c'est de dire aux adversaires que rencontre la politique impériale parmi les anciens détracteurs de la Restauration : « Il vous a plu de changer de sentiments ; il vous plaît maintenant de chercher votre sauvegarde dans des traités que tant de fois et si cruellement vous nous avez reprochés, et que nous n'avions signés pourtant que sous la contrainte, la mort dans l'âme, et pour préserver la patrie des terribles conséquences de défaites dont nous étions innocents; nos sentiments à nous n'ont pas varié; une occasion s'offre de déchirer ces traités maudits; ce n'est pas nous qui nous y opposerons! »

LI

Non, encore une fois, ce n'est pas le véritable esprit du parti légitimiste que représentent ceux de ses organes qui combattent pour le maintien de l'œuvre de 1815. Ils se laissent entraîner par un courant de passions que tôt ou tard ils regretteront d'avoir suivi ; et ce n'est pas pour la première fois, malheureusement, qu'ils auront à se repentir d'avoir été les trop complaisants auxiliaires des vieux coryphées de l'orléanisme. J'avoue que je me soucie peu pour la politique légitimiste des approbations de M. Dupin et de M. Thiers. L'un au Sénat, l'autre au Corps Législatif, ont apporté une vivacité toute particulière à la défense de ce système artificiel de paix qui s'écroule de tous côtés ; et j'ai vu non sans tristesse la presse légitimiste se joindre à une autre presse pour les féliciter de leurs succès oratoires. M. Thiers! M. Dupin! Sont-ce là les oracles que nous avons à consulter quand nous avons besoin d'une lumière pour notre conduite? Qu'avons-nous gagné sous la République de 1848 à les prendre pour guides ou à les avoir pour alliés?

Je ne cherche à déguiser aucun de mes sentiments. J'aime la liberté, je l'appelle de tous mes vœux, et pourtant je ne puis dissimuler le refroidissement que j'ai senti quelquefois pour elle dans mon cœur, en voyant l'engouement irréfléchi du public pour le parlage de certains rhéteurs. J'entends dire: « Quelle verve et quel esprit dans ce discours, et quel art merveilleux de captiver l'attention de l'auditoire! » Eh! que m'importe tout cela! S'agit-il de décerner un prix de rhétorique, ou s'agit-il de démêler le vrai du faux dans les questions qui intéressent la chose publique?

Je ne conteste pas le talent de M. Thiers, mais

j'ai lu tous ses écrits et toutes ses harangues, j'ai présent à mon esprit tout son passé politique, et je suis à me demander encore quels peuvent être ses titres à la réputation d'homme d'État qu'on lui a faite.

Comment accorder la moindre autorité aux discours qu'il a prononcés dans la dernière discussion de l'adresse? Qu'est-ce que cette théorie de gouvernement constitutionnel qu'il a développée? Qu'est-ce que cette définition de l'honneur qu'il n'a pas craint de produire devant une Assemblée française? Qu'est-ce que cette proposition de traiter avec Juarez? Et que signifient ces dédains pour les grands problèmes dont la situation actuelle du monde réclame la solution?

LII

Quand la Restauration entreprit l'expédition d'Alger, M. Thiers tenait dans *le National* à peu près le même langage qu'il vient de tenir au Corps Législatif. Il s'alarmait aussi pour la France des périls de la guerre; il accusait le gouvernement d'engager la fortune du pays dans une imprudente aventure. Après trente-quatre ans nous le retrouvons dans l'Opposition, aussi en dehors de la vérité qu'il l'était alors.

Il ne veut pas reconnaître la nécessité d'en finir une bonne fois avec les traités de 1815. Qui cependant est moins en droit que lui de contester la funeste influence de ces traités? N'est-ce pas lui qui, dans des circonstances moins graves assurément que celles où nous nous trouvons, fit décréter les fortifications de Paris en vue des dangers que ces traités ont créés à la France?

Il s'en vient nous parler des conséquences que pourraient avoir pour les finances publiques les résolutions qui semblent diriger la politique du gouvernement. Mais n'est-ce pas lui qui, à une autre époque, a excité la France aux défiances que nous voyons se traduire depuis tant d'années par un accroissement si considérable de notre budget militaire? Le grand remède à cette situation financière, on ne cesse de le dire, c'est le désarmement; mais comment arriver à ce désarmement si on laisse subsister toutes les causes de conflit et tous les germes de guerre, que les efforts les plus persévérants et les plus intelligents de la diplomatie n'ont pu détruire jusqu'à ce jour?

Est-ce sérieusement enfin que M. Thiers nous dit que si une conflagration venait à éclater, il est probable que les générations actuelles n'en verraient pas le terme? Pour agir par l'épée, si les circonstances l'exigent, la France a-t-elle absolument besoin de recommencer les gigantesques entreprises du premier Empire? Est-il nécessaire absolument qu'elle fasse une nouvelle campagne de Russie? On nous parle d'une coalition formée ou prête à se former au premier coup de canon tiré par la France; cette coalition nous empêchera-t-elle de jeter, quand nous le voudrons, une armée sur la rive du Rhin qui nous a autrefois appartenu? Il y a là des populations qui, après une séparation d'un demi-siècle, nous accueilleraient encore avec enthousiasme. Forts de leurs sympathies et forts de la justice de notre cause, nous pourrions défier toutes les armées de l'Europe de venir nous déloger de ce boulevard naturel de notre puissance nationale; et ma ferme pensée est que nous n'aurions pas à faire un pas de plus en avant pour obtenir les légitimes satisfactions que nous avons à réclamer.

Où en serait la France si la politique de l'ancienne monarchie avait été celle qu'ont préconisée dans leurs discours M. Thiers et M. Dupin? La France, telle que nous la connaissons et l'aimons, existerait-elle? L'Alsace et la Lorraine seraient-elles jamais devenues des provinces françaises?

LIII

La destinée de l'homme n'est pas de vivre d'une existence exclusivement individuelle et de passer sur cette terre sans autre préoccupation que celle de ses intérêts égoïstes. Il y a une loi supérieure de solidarité sociale qui gouverne le monde, et cette idée de solidarité implique une idée de sacrifice. L'humanité ne progresse, la civilisation ne se développe qu'au prix de sacrifices; ce sont là des vérités élémentaires de l'histoire; et je plaindrais profondément ma patrie si elle en était arrivée à ne plus vouloir les admettre.

La majorité de la France partageât-elle les opinions exprimées par MM. Thiers et Dupin, que le parti légitimiste devrait se faire honneur de protester contre un mouvement d'idées si contraire à l'esprit qui dirigeait sous nos rois la politique française. Mais n'est-ce pas lui faire injure que de douter un instant du sentiment qui l'animerait le jour où la guerre apparaîtrait comme une fatale nécessité ? Malgré son abstention, malgré ses torts et ses erreurs, malgré l'état de découragement où il est tombé, il représente encore plus qu'aucun autre parti la pensée chevaleresque de la France. Ce sont de nobles âmes, après tout, que celles qui s'attachent à un principe, et qui, par fidélité à ce principe, se résignent depuis tant d'années à l'isolement. Il y a là, malgré certaines apparences d'énervement, des fibres nationales que les mollesses de la paix n'ont pas complétement endormies; il y a là autre chose que ce culte exclusif des intérêts matériels, qui a envahi une partie de la société française ; il y a là, enfin, des sentiments et des aspirations qui correspondent, plus intimement qu'on ne pense, avec les sentiments et les aspirations populaires, qu'aujourd'hui comme hier les avocats de la politique bourgeoise affectent de dédaigner, et qui sont la grande force de l'Empire.

LIV

Entre le parti légitimiste et l'Empire, il y a une sorte de trait d'union formé par l'âme même de la France.

Ah ! ce n'est pas sans raison qu'en tout temps les fidèles du vieux droit monarchique ont été les défenseurs du vote universel. Ils furent seuls sous la Restauration à protester contre le déplorable article de la Charte qui faisait du droit électoral le privilége des censitaires de 300 francs; et après la Révolution de 1830, ce fut d'eux et de leurs journaux que ne cessèrent de partir les réclamations les plus énergiques contre le système de monopole qui avait continué à prévaloir. C'était la vraie politique de la légitimité qu'ils soutenaient alors, et s'ils ont un regret à avoir, c'est de s'en être laissé distraire quelquefois par de petites intrigues de partis où toujours ils ont joué le rôle de dupes; mais leurs attaches naturelles sont encore là, dans le peuple, dans le suffrage universel!

Si l'appel à la nation demandé par Louis XVI avait été admis, le lugubre souvenir de l'échafaud du 21 janvier n'attristerait pas l'histoire de notre patrie. Si Louis XVIII, au lieu d'écouter les doctrinaires, avait pris le suffrage universel pour base du gouvernement représentatif qu'il a eu la gloire d'inaugurer, ou si encore, plus tard, Charles X, au lieu de rendre ses fatales ordonnances contre la liberté, en avait appelé au peuple contre les oppositions systématiques qui l'avaient acculé dans les impasses de la Charte, nous n'aurions pas vu la Révolution de 1830; Henri V ne serait pas dans l'exil aujourd'hui.

Si enfin, après la chute de l'usurpation orléaniste, la France a échappé aux dangers de l'anarchie démagogique, si nous avons retrouvé la sécurité sous un pouvoir monarchique, c'est au suffrage universel que nous le devons.

Ce suffrage universel, dont on se plaît à dire tant de mal, a de merveilleux instincts d'ordre alliés à de magnifiques sentiments de patriotisme. Dans des questions secondaires, des questions de personnes, sur lesquelles, avec le système de vote direct établi malheureusement par nos constitutions, il n'est pas en position de se prononcer toujours avec une suffisante connaissance des hommes et des choses, il peut se laisser égarer ; mais, interrogé sur des questions générales d'ordre public et de dignité nationale, il répondra toujours avec un sens politique bien supérieur à celui de M. Thiers et de M. Dupin.

Je ne saurais dire assez combien j'aime et j'admire ce peuple dont de creux rhéteurs parlent quelquefois avec tant de dédain. Quand je me reporte par la pensée aux plus douloureuses époques de notre histoire, aux jours malheureux des luttes fratricides de notre première Révolution, je vois ce peuple divisé par d'effroyables malentendus, mais, au fond, uni par un même sentiment, et, sans s'en rendre compte, combattant, bien que dans des camps différents, pour la même cause. Derrière le drapeau blanc comme derrière le drapeau tricolore, c'était pour la patrie qu'il se battait.

La patrie ne se compose pas que du sol que nous foulons ; nos mœurs, nos traditions, nos droits sociaux en sont une partie intégrante ; c est pour la patrie, ainsi considérée, que se leva la Vendée ; elle ne se leva pas, comme on l'en a tant de fois accusée injustement, elle ne se leva pas pour défendre les abus de l'ancien régime, pour s'opposer aux légitimes réformes que réclamait l'état de la France ; elle n'avait pris les armes ni en 89, ni en 90, ni en 91 ; ce ne fut que devant les horreurs d'un abominable régime de terrorisme qu'elle se décida enfin à s'insurger ; au nom du roi, elle protesta alors et lança ses sublimes enfants sur les affreux champs de bataille de l'Ouest, pour la défense de leur religion, pour la défense de la liberté humaine, atteinte par un épouvantable système de conscription et par la sinistre menace des échafauds en permanence sur les places publiques.

Pendant que ceci se passait, d'autres enfants de cette même France accouraient par légions autour du drapeau tricolore ; mais ce n'était ni en haine de l'Église, ni en haine de la monarchie, qu'ils demandaient des armes ; leurs cœurs étaient purs des passions féroces de destruction auxquelles ils semblaient prêter la main ; ils s'enrôlaient au cri de *Vive la République*, et n'avaient d'autre idée que de vaincre ou de mourir pour la patrie, pour cette patrie que l'ancienne Royauté leur avait donnée et qu'ils n'auraient peut-être jamais connue sans les efforts séculaires que cette Royauté avait employés à la constituer.

Aujourd'hui les déplorables causes de malentendus et de divisions qui existaient en 93 ont pour toujours disparu. Que l'honneur de la France soit engagé dans une lutte avec l'Europe, et l'on verra avec quelle unanimité d'enthousiasme tout ce peuple se rangera derrière le drapeau de la France. S'il était possible de dire, dès aujourd'hui, à ce peuple, dans un plébiscite : « C'est toi qui supportes le plus lourd fardeau dans les guerres, c'est toi qui donnes la plus grande part de sang et d'argent ; veux-tu faire de nouveaux sacrifices ou veux-tu que nous abdiquions notre rôle de grande nation comme nous y convient MM. Thiers et Dupin? » on verrait quelle serait sa réponse. On verrait l'élan patriotique avec lequel le paysan de l'Ouest et le paysan de l'Est fraterniseraient pour protester contre la politiqne misérable qui nous a été présentée par quelques orateurs du Sénat et du Corps Législatif comme seule conforme aux vœux du pays.

C'est bien le sang des vieux preux qui coule encore dans les veines de ce peuple. Et nous, légitimistes, nous irions le renier? De peur d'être avec l'Empire, nous nous mettrions à la remorque de l'orléanisme? Non, non, ce n'est pas là ce que nous enseignent nos traditions, ce n'est pas là la conduite que nous tracent les intérêts de la cause que nous nous honorons de défendre. Ne nous préoccupons pas de ce que pensent ou de ce que veulent les partis hostiles au gouvernement actuel. Soyons de cœur et d'esprit avec la France, non avec cette France restreinte où les représentants caducs du vieux régime de monopole renferment leurs pensées, mais avec la France du suffrage universel, et soyons avec elle toujours; et ne craignons pas de donner la main à l'Empire quand ce sont les plus nobles sentiments et les plus nobles traditions de cette France qu'il prend pour règle de sa politique.

FIN

www.ingramcontent.com/pod-product-compliance
Ingram Content Group UK Ltd.
Pitfield, Milton Keynes, MK11 3LW, UK
UKHW020253250726
13967UKWH00004B/1650